portrait

Herausgegeben von Martin Sulzer-Reichel

*Dr. Klaus Walther*, geboren 1937, ist Leiter des Buchprogramms der Freien Presse Chemnitz, Buchhändler und Autor. Er veröffentlichte Arbeiten über Hermann Hesse, Charles Sealsfield u. a. und verfasste Landschaftsbücher. Außerdem betätigt er sich als Literaturkritiker. Walther lebt in Zwönitz im Erzgebirge.

# Karl May

von Klaus Walther

Deutscher Taschenbuch Verlag

Weitere in der Reihe **dtv portrait** erschienene Titel
am Ende des Bandes

Originalausgabe

Februar 2002
© Deutscher Taschenbuch Verlag GmbH & Co. KG, München
www.dtv.de
Umschlagkonzept: Balk & Brumshagen
Umschlagfoto: © AKG, Berlin
Satz und Layout: Agents – Producers – Editors, Overath
Druck und Bindung: APPL, Wemding
Gedruckt auf säurefreiem, chlorfrei gebleichtem Papier
Printed in Germany   ISBN 3-423-31056-1

# Inhalt

1 Karl May um 1910. Fotografie

# Der Mann mit den vielen Namen

Ich bin wirklich Old Shatterhand«, hat er einmal geschrieben, und ablichten ließ er sich gern ganz martialisch mit Henrystutzen, Bärentöter und Patronengurt. Kara Ben Nemsi war er auch, wer sonst, und auf den Fotos, die er den zahlreichen Verehrern freundlich überließ, zeichnete er oft genug mit »Dr. Karl May«.

Als ihm einmal allzu neugierige Fragen wegen seines Doktortitels gestellt wurden, verlangte er eine Korrektur seiner Eintragung in das Radebeuler Adressbuch. Dort stand nackt und bloß »May, Karl«. Dieser erklärte nun in seriösem Ton: »Ich bin nicht im Besitz eines von einer deutschen Universität verliehenen deutschen Doktortitels, dagegen habe ich den Doktortitel in Frankreich verliehen erhalten.« Ein andermal stammten solche und ähnliche Würden aus China und Amerika.

Ach ja, beinahe hätten wir es vergessen, der Mann war außerdem ein Sprachgenie: »Ich spreche und schreibe französisch, englisch, spanisch, griechisch, lateinisch, hebräisch, rumänisch, arabisch 6 Dialekte, malayisch, Namaqua, einige Sunda-Idiome, Suaheli, hindustanisch, türkisch und die Indianersprachen der Sioux, Apatchen, Komantschen, Sankaes, Uthas, Kiowas, nebst dem Ketschumany 3 südamerikanische Dialekte. Lappländisch will ich nicht mitzählen.« Das war ihm wohl zu läppisch. Auch Sächsisch zählte er nicht zu den 40 Sprachen, die er angeblich

---

Der hat noch nie gelesen, der nie in solchen Stimmungen das wieder las, was ihm in seiner seligen Jugend, wenn es in seinen Händen ertappt wurde, als »das dümmste Zeug auf Gottes Erdboden« um die Ohren geschlagen wurde. – Gottes Segen über das Lesefutter der großen Menge und der Jugend!

*Wilhelm Raabe*

sprach und schrieb. Damit den Leuten wirklich klar wurde, was sie an ihm hatten, behauptete er einmal in einer
Debatte kühn, er verstehe über tausend Sprachen.

Und es mangelte nicht an Anhängern, Liebhabern und
Gemeindemitgliedern, die dem Meister nicht nur aufs
Wort glaubten, sondern die mühsam – ach, wie mühsam

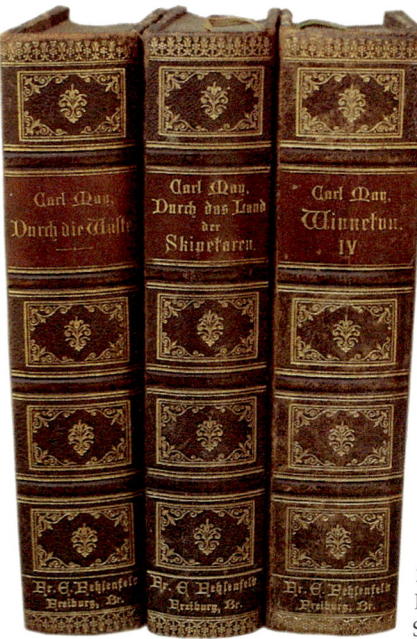

2   Ein kleiner Ausschnitt aus
Karl Mays umfangreichem
Schaffen

> ... das Allererstaunlichste dürfte immer sein, wenn ein gewaltiger Pfuscher wie Karl May, bei dessen Werk es sich (akademisch) einwandfrei um ein unerschöpfliches Chaos von Kitsch & Absurditäten handelt, seit nunmehr 3 Generationen Hunderte von Millionen deutscher Menschen mühelos zu Einwohnern seiner Welt wirbt.
>
> *Arno Schmidt, ›Sitara und der Weg dorthin‹ (1963)*

oftmals – nach Fakten suchten, die solche Renommiererei stützten. War er nicht doch überall dort gewesen, wo seine Geschichten spielten? Die Streitschriften darüber, ob und wann er in Amerika war, ob und wann er vielleicht etliche Abenteuer erlebt habe, füllen Bände. Wie überhaupt die Literatur über den Autor heute mindestens so umfangreich ist wie sein Werk. Karl May und die Folgen.

Warum eigentlich hat er dies alles inszeniert? Brauchte er solch offensichtliche Hochstapelei? Er sprach beileibe nicht all die genannten Idiome und Sprachen, wenn er auch recht geschickt mancherlei Wendungen und Dialekte in seine Romane einfließen ließ. Und »Doktor« Karl May? Das kann man vergessen. Volksschule, Lehrerseminar, und dann folgten ganz andere Institute.

Warum musste dieser Mann sich fadenscheinig hochstilisieren? Er war einer der erfolgreichsten deutschen Schriftsteller in der zweiten Hälfte des 19. Jahrhunderts.

Und noch heute sitzt hinter den Bücherbergen der grünen Leinenbände eine Gemeinde – und liest. Es ist kein schlechtes Geschäft, dieses Werk zu vermarkten: Bücher und Filme, Stücke fürs Freiland und für die Bühne, Festspiele hier und dort. Neuerdings hat man sogar ein paar Jungautoren engagiert, die Karl Mays Bücher fortschreiben. Eine unendliche Geschichte also. Und es lebt sich nicht schlecht in den Jagdgründen des Radebeuler Indianerhäuptlings.

Karl May ist keine Leiche der Literaturgeschichte. Er wurde und wird gelesen. Es gibt eine Karl-May-Gesellschaft, die ein eigenes dickes Jahrbuch publiziert. Die Sekundärliteratur umfasst Hunderte von Bänden. Die Lebensgeschichte Karl Mays ist ebenso Gegenstand wissenschaftlicher Erkundungen und erbitterter Fehden wie die Rezeptionsgeschichte seines Werks. Mittlerweile gibt es nicht nur Reprints der ursprünglichen Ausgabe, sondern auch den erfreulichen Beginn einer historisch-kritischen Edition. Allerdings interessiert sich der Großteil der wachsenden Lesergemeinde nicht für die Erkenntnisse der Textkritik. Die rund 50 000 Seiten, die Karl May tatsächlich geschrieben hat, sind in Millionen von Exemplaren verbreitet. Allein die Bände, die im Karl-May-Verlag erschienen sind, haben mit den Lizenzausgaben bei Tosa und Ueberreuter die 80-Millionen-Grenze erreicht, mit Ausgaben anderer Verlage und in anderen Übersetzungen sind es wohl mittlerweile weit über 100 Millionen Exemplare, die seinen Autorennamen tragen. Wenn Karl May auch nie ein so polyglotter Geist war, wie er es gelegentlich behauptet hat, so sind seine Bücher doch in 39

... die Deutschen, die immer nur geniale Novellisten hatten wie Goethe, Büchner und Kleist, haben in Karl May den einzigen grandiosen Erzähler von Männerschicksalen, und es fehlte nur wenig, so hätten sie in ihm den wirklich großen Epiker gehabt.
*Carl Zuckmayer, ›Jugendsünde des Berliner Rundfunks‹ (3.1.1929)*

Sprachen übersetzt. Man kann sie auch in Volapük und Esperanto konsumieren.

Wo liegen die Gründe für diesen gigantischen Erfolg, und was trieb den Autor auf seine Irrwege? Wer diesen Fragen nachgeht, der stößt auf eine merkwürdige, interessante Geschichte, die mit den Verhältnissen in der Kindheit und Jugend beginnt, in zahlreichen Katastrophen mündet und eine Lebensszenerie der Gespaltenheit sichtbar macht.

Freilich, dies ist nur die eine Seite einer solchen Lebens- und Literaturgeschichte. Die andere Seite haben die Leser mitgestaltet. Die meisten Karl-May-Fans waren ja fasziniert von der Biografie, die sich der Autor zugelegt hatte. Sie wollten, dass er Old Shatterhand und Kara Ben Nemsi war, dass er all diese Abenteuer erlebt hatte, die er in seinen so genannten ›Reiseerzählungen‹ beschrieb. Karl May war für sie der Meisterschütze, der mit Henrystutzen und Bärentöter perfekt umging. Und er war auch der deutsche Edelmensch, der seinen Feinden aus christlicher Grundüberzeugung das Leben schenkte. Dieser Teil seiner »Kostümierung« geschah aus innerem Antrieb – und im Leserauftrag. Der Erfolg seiner Bücher ist ein erstes verblüffen-

3 **Balduin Möllhausen** (1825– 1905) schloss sich mit 25 Jahren einer Expedition nach Amerika an; hier sammelte er die Erfahrungen, die er dann in seinen Indianerbüchern verarbeitete. Neben wissenschaftlich orientierten Reisewerken entstanden viele spannende Romane.

4   Frederick Marryat

des Beispiel dafür, wie das Erfundene für ein großes Publikum wirklicher werden kann als die Realität.

Was Karl May von seinen Zeit- und Zunftgenossen wie Frederik Marryat, Balduin Möllhausen oder Friedrich Gerstäcker unterscheidet, ist sein ausgeprägtes Erzähltalent, das in seinen besten Werken zutage tritt. Es ist aber wohl auch der intuitiv-genialische Umgang mit all den Zuta-

ten, die dem zeitgenössischen wie dem heutigen Lesergeschmack entgegenkommen.

Überdies war er ja nicht nur der Held seiner »Karl-May-Bücher«. Er publizierte anfangs unter etlichen Pseudonymen, die manchmal, wie bei Karl Hohenthal, seine Geburtslandschaft signalisierten oder,

5   Friedrich Gerstäcker

**Frederik Marryat** (1792–1848), englischer Autor von See- und Abenteuerromanen. Schon als Vierzehnjähriger kam er auf ein Schiff, wurde 1812 Leutnant, widmete sich aber seit 1830 ganz der Schriftstellerei. Eines seiner besten Bücher ist ›Peter Simple‹ (1834), in welchem er

ebenso genau wie spannend aus seinen Erfahrungen bei der Kriegsmarine erzählt. Auch in Deutschland wurden die Romane Marryats schnell bekannt. Der Reiz seiner Bücher: die Schilderung spannender, meist exotischer Abenteuer in einer flotten Erzählhandlung.

Schöne Erinnerungen aus der eigenen Jugend beim Gedenken an Karl May. Die Nazis haben sich auf ihn etwas zugute getan, als hätten sie ihre eigene Mörderrasse verherrlicht. In Wahrheit wimmelt es bei ihm von weißen Schuften, Rowdys, oft auch von germanischer Hergekommenheit, wie es in ›Satan und Ischariot II‹ bei freilich anderer Gelegenheit heißt. Aber Empörung, Trauer und Liebe wenden sich den verfolgten Indianern zu und ihrem Untergang durch etwas, das man in Vietnam heute Ledernacken heißt. Selbst im Orient ist dieser Volksschriftsteller mit Rat und Tat auf der Seite der unterdrückten Kurden und ihrer Revolte gegen die brutalen Kolonialherren im Ossul. Auch diese Sympathien sollten Karl Mays Reiseerzählungen nicht vergessen bleiben; die Santers wie die Schuts erlangen keinen Führerschein, sondern ein gerechtes Ende.

*Ernst Bloch, ›Charley‹, in ›Jahrbuch der Karl-May-Gesellschaft‹ (1971)*

wie bei Emma Pollmer, auf die Frau, die er später ehelichen sollte, hinwiesen. Und wer anderes als er ist Capitain Roman Diaz de la Escosura, P. van der Löwen und Ernst von Linden?

Karl May liebte das Versteckspiel. Auch wenn er bei den Geschichten und Eskapaden, von denen er in seinen Büchern berichtet, nicht selbst anwesend war, so wird sein Ich auf verwandelte Weise immer wieder in den Gestalten seiner Romane sichtbar. Und in seinem eigenen Leben herrschte wahrhaftig kein Mangel an anderen Abenteuern. Es lassen sich viele Gründe dafür finden, warum das Werk von Karl May eine derart lang anhaltende Wirkung zeigt – und doch ist und bleibt es ein Phänomen: Hinter ihm sitzt eine Welt und liest.

**Friedrich Gerstäcker** (1816 – 1872). Mit 21 schiffte er sich nach Amerika ein, und 1844 erschien sein erstes Buch, ›Streif- und Jagdzüge durch die Vereinigten Staaten von Nordamerika‹; seine detailgenauen Erzählungen brachten ihm posthum die Ehrenbürgerschaft von Arkansas ein. Neue Bücher, darunter ›Die Regulatoren am Arkansas‹ (1846), brachten ihm bald ein großes Lesepublikum. Lebendige Kultur- und Landschaftsschilderungen, Geschichten aus dem Kampf von Menschen in abenteuerlichen Situationen zeichnen seine Bücher aus.

# Kindheit und frühe Jugend

Geboren wurde ich am 25. Februar 1842 in dem damals sehr ärmlichen und kleinen erzgebirgischen Weberstädtchen Ernstthal, das jetzt mit dem etwas größeren Hohenstein vereinigt ist. Wir waren neun Menschen: mein Vater, meine Mutter, die beiden Großmütter, vier Schwestern und ich, der einzige Knabe …«

So beginnt eine Geschichte: Karl Mays Lebensgeschichte. Ernstthal war zu dieser Zeit eine kleine Weberstadt am Rand des sächsischen Erzgebirges. Während hier noch das vergangene Jahrhundert nistete, ratterten in den neuen Fabriken in Chemnitz, nur wenige Kilometer entfernt, die Webstühle. In Altchemnitz – ein Ort, der in Karl Mays Biografie noch von Bedeutung sein wird – bauten die Fabrikanten Schönherr mechanische Webstühle, 1857 wurde bereits der tausendste ausgeliefert. Aber nur eine Stundenreise zu Fuß entfernt saßen in Ernstthal in den schmalen und niedrigen Stuben die Handweber, Männer, Frauen und Kinder, die webten.

Ein Vierteljahrhundert später, Karl May stand am Anfang seiner Karriere als Kolportageautor, findet sich seine Kindheitslandschaft in den Beschreibungen wieder. Arme-Leute-Milieu, Erzgebirgsszenerie, sie bleiben freilich

Zwischen den Ausläufern des sächsischen Erzgebirges, da, wo das berühmte Zwickauer und Würschnitzer Kohlebecken sich bis in die Nähe von Chemnitz zieht, liegen am nördlichen Rande desselben die beiden Schwesterstädte Hohenstein und Ernstthal, welche dem freundlichen Leser ihres Gewerbefleißes wegen gewiß bekannt sein werden. Besonders ist es Ernstthal, dessen Weberei schon vor langen Zeiten sich eines weitgehenden Rufes erfreute und ein für seine Waren nicht bloß in Deutschland und an den angrenzenden Ländern, sondern auch über die See hinüber weites Absatzgebiet fand.

*Karl May, ›Die Rose von Ernstthal‹ (1875)*

6, 7   Das Geburtshaus von Karl May in Hohenstein-Ernstthal.
Ansicht der Vorder- und der Rückseite. Fotografien, um 1910

nicht nur Kulisse. Schon in der Erzählung ›Die Rose von Ernstthal‹, 1875 erschienen, werden, wie es im Text heißt, die Gassen seiner Geburtsstadt wieder betreten. Und auch in einem seiner umfänglichsten Kolportageromane, dem ›Verlorenen Sohn‹, erfährt man manches über seine Kindheit weniger geschönt als in der Autobiografie. Später werden die Bearbeiter seines Werkes auch diese Fundgrube plündern. Einzelne Teile gehen in die Bände ›Das Buschgespenst‹, ›Der Fremde aus Indien‹ und ›Der verlorene Sohn‹ ein, und auch wenn die fleißigen Bear-

Ich habe euch im Auftrag des Herrn Baron von Wildstein zu eröffnen, … daß er von jetzt ab für Schicht und Mann zehn Pfennige weniger zahlt. Es ist Winter; die Nachfrage nach Kohlen ist zwar stark, aber der Schnee, der die Straßen ungangbar macht, erschwert den Absatz, und die Betriebskosten werden immer größer …

*Karl May, ›Das Buschgespenst‹ (GWB 64)*

8   Weberstube. Stich, um 1900

beiter manches getilgt, manches verändert haben, das ›Land der Armut‹, aus dem der Autor kommt, wird ziemlich genau beschrieben. Der Zahlmeister des Kohlenbarons kürzt da beispielsweise den jämmerlichen Wochenlohn der Bergleute, und Kaufmann Seidemann macht seinen Schnitt mit den armen Weberleuten. Da braucht es einen ›Fürst des Elends‹, der die Gerechtigkeit wieder herstellt.

»Das Schiffchen fliegt, der Webstuhl kracht, wir weben emsig Tag und Nacht«, heißt es bei Heinrich Heine. Auch im Schönburgisch-Hinterglauchauer Land, an der Zwi-

Ein Krisenjahr, wenn auch nicht annähernd von jenen Ausmaßen wie die Hungerkatastrophen von 1771/72 und 1817, war auch das Jahr 1842, Karl Mays Geburtsjahr. Der Pfarrer von Ernstthal hat aufgrund eigener Wahrnehmungen damals folgendes mitgeteilt: Nachdem der März bis zu Ende im fortdauernden rauhen und nassen Schneewetter dahingegangen war, so stellte schon mit dem Monate April ziemliche Trockenheit sich ein, welche nach und nach sich so vermehrte, daß daraus eine ... noch nie erlebte Dürre des Erdreichs entstand.

*Hainer Plaul, ›Der Sohn des Webers‹, in JbKMG (1979)*

ckauer Mulde, wo die alten Feudalstrukturen noch intakt waren – bis 1878 übten die gräflichen Herren die Gerichtsbarkeit aus –, da galt, was Gerhart Hauptmann über das schlesische Eulengebirge schrieb: »Wir haben Hunger, weiter nischt.« Doch die Heimarbeit am Webstuhl erbrachte nicht nur erbärmlichen Lohn, sondern sie konnte auch nicht mit den neuen Manufakturen und Fabriken konkurrieren. Da ließ der Funke der Rebellion auch hier die Feuer auflodern. Als 1848 im benachbarten Waldenburg das Schloss brannte,waren Weber und Strumpfwirker an den revolutionären Auseinandersetzungen beteiligt.

In diesen zeitlichen und sozialen Zusammenhang hinein wurde Karl May geboren. Immer wieder kommt er in seinem Werk auf solche Kindheitserfahrung zurück: »Ich bin im niedrigsten, tiefsten Ardistan geboren, ein Lieblingskind der Not, der Sorge, des Kummers.« Und so sehr er auch später manche Erfindung in das Buch seiner Biografie einbringen wird – hier übertreibt er nicht. Er war ein Kind dieser Verhältnisse, er kannte Hunger und Krankheit. Die Mehrzahl seiner Geschwister starben schon im Säuglingsalter, oft wenige Tage und Wochen nach der Geburt. Nur zwei Schwestern überlebten ihn. Aber auch er erfuhr die Krankheit in früher Kindheit: Er erblindete, ob gleich nach der Geburt oder später, man weiß es nicht genau. Jedenfalls konnte er in den ersten Kindheitsjahren nicht sehen, bis durch eine Operation der Defekt behoben wurde.

Karl May kam als fünftes Kind von Christiane Wilhelmine geb. Weise (1817–1885) und Heinrich August May

Der Hof war grad so groß, daß wir fünf Kinder uns aufstellen konnten, ohne aneinander zu stoßen. Hieran grenzte der Garten, in dem es einen Hollunderstrauch, einen Apfel-, einen Pflaumenbaum und einen Wassertümpel gab, den wir als Teich bezeichneten. Der Hollunder lieferte uns den Tee zum Schwitzen, wenn wir uns erkältet hatten, hielt aber nicht sehr lange vor, denn wenn das Eine sich erkältete, fingen auch alle Andern an zu husten, und wollten mit ihm schwitzen.

*Karl May, ›Mein Leben und Streben‹ (1910)*

(1810–1888) in der Ernstthaler Niedergassen 111 (heute Karl-May-Straße 54) zur Welt. Noch heute spürt man hier zwischen den schmalen Häusern mit ihren kleinen Fenstern und tief herabgezogenen Giebeln die Atmosphäre vergangener Zeiten. Karl May verbrachte seine ersten Kinderjahre im eigenen Haus mit einem winzigen Garten – eine Ausnahme unter den Weberfamilien. Die Mutter hatte es von Verwandten geerbt. Schon 1845 aber musste die Familie das Haus aus finanziellen Gründen aufgeben und wohnte nun beim Webermeister Knobloch am Markt in Ernstthal zur Miete.

Aus dem Verkauf des Hauses wurde wohl auch der sechsmonatige Hebammenlehrgang für die Mutter finanziert, den sie 1845/46 an der Chirurgisch-medizinischen Akademie mit »vorzüglich gutem« Erfolg absolvierte. Bei dieser Gelegenheit bat sie um Rat wegen der Krankheit ihres Sohnes, und vermutlich veranlasste der Institutsdirektor in Dresden, dass die Sehkraft des Kindes durch einen operativen Eingriff wiederhergestellt wurde.

Ansonsten berichtet Karl May in seiner Autobiografie wenig über seine Mutter. Es gibt ein paar freundliche Charakterisierungen, die Märtyrerin, die Heilige, »immer still, unendlich fleißig und trotz eigener Armut opferbereit für andere«. Was sollte es auch sonst aus einem Leben zu erzählen geben, das sich zwischen dem Austragen und Gebären von 14 eigenen Kindern, der Sorge um Ernährung und Kleidung der Familie und der Hebammenarbeit bewegte? Ein Tageslauf, der vor Sonnenaufgang begann und bei Sonnenuntergang noch nicht zu Ende war.

**Karl Mays Geschwister**

Auguste Wilhelmine (1837–1880; ab 1861 verheiratet mit dem Weber Friedrich A. Hoppe)

Christiane Wilhelmine (1844–1932; ab 1869 verheiratet mit dem Weber Julius F. Schöne)

Ernestine Pauline (1847–1872)

Karoline Wilhelmine (1849–1945; ab 1872 verheiratet mit dem Weber Carl H. Selbmann)

Neun weitere Geschwister von Karl May starben bereits im Säuglingsalter.

9   Der Marktplatz in Ernstthal im Jahr 1842 mit der Kirche St. Trinitatis. Im Haus ganz links wohnte die Familie May ab 1845 zur Miete.

Der Vater gewinnt im Rückblick für den Sohn eine weitaus größere Bedeutung. Seine Widersprüchlichkeit wird nicht verschwiegen. »Mein Vater war ein Mensch mit zwei Seelen. Die eine Seele unendlich weich, die andere tyrannisch.« Aus solcher Verklärungsprosa in die Realitätsbeschreibung übersetzt, heißt dies, der Webergeselle, seit 1856 Webermeister, war ein Trunkenbold und Kinderschinder, der seine eigenen Kinder so lange schlug, bis er selbst erschöpft war. Andererseits hatte er einen

**Wichtige politische Ereignisse zwischen 1842 und 1861**

1844  Weberaufstand in Schlesien aufgrund miserabler Lohnverhältnisse

1848  Revolutionäre Bewegungen in Deutschland und vielen Teilen Europas. In der Frankfurter Paulskirche konstituiert sich die Nationalversammlung.

1851  Wegen der politischen und wirtschaftlichen Lage gibt es große Auswanderungswellen u. a. in die USA

1861  Wilhelm I. König von Preußen

ausgeprägten Hang zum Höheren. Er drängte sich nach Ehrenämtern. Was sich im Beruf nicht verwirklichen ließ, hier konnte er es ein Stück ausleben. Vor allem der Sohn sollte die väterlichen Ambitionen realisieren. Er war es auch, der für die militärischen Phantastereien des Vaters das entsprechende Personal stellte: Die Truppe des Vaters, Zug, Bataillon, Regiment, sie bestand nur aus einem Mann, dem Sohn. Von diesem Exerzieren behielt Karl May eine Abneigung gegen das Militärische zurück, aber wie so oft gibt es auch das Gegenteil: Er schwärmte für König und Vaterland. Die Widersprüchlichkeit des Vaters findet sich auf andere Weise auch im Leben des Sohnes wieder.

Was die prägenden Einflüsse in Mays Kindheit angeht, so spielt die Großmutter väterlicherseits eine besondere Rolle. Mit großer Liebe wandte sie sich dem erblindeten Kind zu und nahm sich Zeit für den Jungen. Sie erzählte ihm Märchen. Die Welt, die er nicht sehen konnte, entstand vor seinem inneren Auge aus diesen geheimnisvollen, phantastischen Geschichten. Sicher hat auch die mangelnde Zuwendung der Eltern in frühester Jugend Karl May geprägt. Entscheidend aber ist das Weltbild, das der Blinde durch die Erzählungen der Großmutter empfing. Das Unwirkliche, Erfundene wurde zur Wirklichkeit. Der Blinde sieht, indem er hört. Hier war die eigentliche Quelle, aus der dieser Phantasie-Riese schöpfte. Die Großmutter erzählte die Märchen immer wieder, bis der kleine Karl sie auswendig kannte. Und der große Karl machte später nichts anderes. Dass er in seiner Autobiografie auch ein dickes Märchenbuch erfand, aus dem angeblich

In meiner Erinnerung tritt zuerst nicht das Märchen von Sitara, sondern das Märchen »von der verloren gegangenen und vergessenen Menschenseele« auf. Sie tat mir so unendlich leid, diese Seele. Ich habe mit meinen blindie Geschichten der Großmutter stammten, gehört zum erzählerischen Ritual des Autors, der das Erfundene mit dem Pseudofaktischen als Wahrheitsbeweis garnierte:

*»Der Hakawati.*
*d. i.*
*der Märchenerzähler in Asia, Africa, Turkia, Arabia, Persia und India samt eyn Anhang mit Deutung, explanatio und interpretatio auch viele Vergleychung und Figürlich seyn*
*von*
*Christianus Kretzschmann*
*der aus Germania war.*
*Gedruckt von Wilhelm Candidus*
*A.D: M. D. C. V.«*

Hübsch erfunden dieser Titel, denn natürlich hat es ein solches Buch nie gegeben. Die Großmutter Christiane Kretzschmar war der fingierte Autor, und die Mutter avancierte latinisiert zum Drucker. Ein bisschen simpel vielleicht, ein wenig durchsichtig solches Versteckspiel, aber bei dem Erfindungspensum, das Karl May zu bewältigen hatte, konnte nicht alles erste Klasse sein. Oder wollte er seinen Lesern ein Rätsel aufgeben?

Wer nach den Vätern und Müttern der May'schen Phantasiewelten sucht, stößt auch auf einen Paten, den Ernstthaler Schmied Christian Weißpflog (1819–1894), der als Wanderbursche tatsächlich weit in der Welt herumgekommen war. Er wird später noch eine Rolle spielen in der Hochstapler-Karriere seines Patenkindes. Ganz sicher hat er – May nennt ihn einen »gewaltigen Erzähler« – die

den, lichtlosen Kindesaugen um sie geweint. Für mich enthielt diese Erzählung die volle Wahrheit ... Ich habe in meiner Kindheit stundenlang still und regungslos gesessen und in die Dunkelheit meiner kranken Augen gestarrt, um nachzudenken, wohin das Verlorene und Vergessene gekommen sei.

*Karl May, ›Mein Leben und Streben‹ (1910)*

Feder-Phantasie ins Geografische gelenkt, die Flucht-
landschaften des Jungen mit seinen Tatsächlichkeiten be-
siedelt.

Nach der Märchenzeit kam die Schulzeit. Ostern 1848
wurde Karl in die Ernstthaler Volksschule eingeschult.
Bis zu 90 Schüler saßen in den Klassen, in denen immer
mehrere Jahrgänge zusammen unterrichtet wurden. Durch
die höheren Ambitionen des Vaters verstärkte sich der
Druck der »herrschaftskonformen Glaubenserziehung«, wie
dieser Unterricht einmal richtig charakterisiert wurde,
zusätzlich. Der Junge wurde zum Behältnis für alles mögliche Scheinwissen. Er musste ganze Bücher abschreiben.
Er lernte Orgel-, Geigen- und Klavierspiel, auch Englisch
und Französisch wurde ihm verordnet. Der Vater prü-
gelte wie gewohnt, Privatstunden wurden angesetzt, das
Geld dafür musste der Junge selbst verdienen. Er arbeitete als Kegeljunge in der Hohensteiner Schankwirtschaft
Engelhardt, manchmal ein Tagesprogramm von Mittag
bis Mitternacht. Er trank die Reste aus den Branntwein-
gläsern der Gäste, sie benebelten ihm die Sinne. Das rohe
Geschwätz, die unflätigen Reden der oft betrunkenen Weber taten ein Übriges, um die Gedanken- und Gefühls-
welt des Knaben vollends zu verwirren. Aus der Leihbibliothek der Gastwirtsfrau holte er sich nun die
Kitschlektüre, die ihm Ablenkung von den Quälereien
des Alltags bot. Neben mancherlei trüben Druckwerken
las er den ›Graf von Monte Christo‹ und ›Rinaldo Rinaldini‹. Er lebte mit seinen Helden und war davon überzeugt, dass sie im armen Ernstthal für soziale Gerechtigkeit sorgen könnten: »Ihr sollt Euch nicht die Hände

Und doch gab es in dieser Schankwirtschaft ein noch viel schlim-
meres Gift als Bier und Branntwein und ähnliche böse Sachen,
nämlich eine Leihbibliothek, und zwar was für eine! Niemals habe ich eine so schmutzige, innerlich und äußerlich geradezu rup-
pige, äußerst gefährliche Büchersammlung, wie diese war, nochmals gesehen!

*Karl May, ›Mein Leben und Streben‹ (1910)*

blutig arbeiten. Ich hole Hilfe.« Er machte sich auf nach
Spanien zu Rinaldini, dem Räuberhauptmann, der ein
Herz für die armen Leute hatte. Die Reise endete freilich
nach wenigen Kilometern bei Verwandten in Zwickau.

Dort holte ihn der erboste Vater wieder ab. Später sollte
sich das des Öfteren wiederholen: Das groß angelegte
Abenteuer verlor sich in der kleinen Gaunerei des All-
tags. Immerhin, er erprobte sich als Erzähler und ergötzte
die Mitschüler mit seinen Lektüreeindrücken. Neben der
Leihbibliothek standen ihm auch die Buchbestände des
Rektors Fickelscherer und des Pfarrers Carl Hermann
Schmidt zur Verfügung. Diese Mischung aus religiöser
Lehre und wissenschaftlicher Erkenntnis mehrte die Wi-

10   Der Ernstthaler Pfarrer
Carl Hermann Schmidt
(1826–1901)

dersprüche: Was sollte aus ihm werden? Da May mit einem guten Zeugnis aus der Rektoratsschule entlassen wurde, »Wissenschaften II, Sittliches Verhalten I«, plädierte der Vater für ein Studium als Volksschullehrer. May selbst wäre lieber aufs Gymnasium gegangen, aber das war aus finanziellen Gründen nicht möglich.

Seit 1844 gab es in der Nähe eine Lehrerbildungsstätte, das Fürstlich-Schönburgische Lehrerseminar in Waldenburg. Am 29. September 1856 wurde Karl May dort als Proseminarist aufgenommen. Von Graf Heinrich erhielt er ein jährliches Stipendium von 15 Talern, der Pfarrer hatte sich dafür bei dem Kirchenpatron eingesetzt. Was aber waren 15 Taler für ein ganzes Jahr? Die Familie May war mittlerweile auf acht Personen angewachsen, so konnte Karl von den Eltern nicht viel erwarten. Trotzdem legte er, sooft es ging, die zwei Fußstunden ins heimische Ernstthal zurück, um den Anstaltsmauern zu entkommen.

Dass er in dieser Institution den erhofften Ausweg aus der häuslichen Misere, den Weg zu Bildung und Wissen, den Weg zum »Höheren« finden würde, wie es der Vater glaubte und anfangs der Sohn wohl auch, erwies sich allerdings als verhängnisvoller Irrtum.

Das Seminar in Waldenburg war nämlich alles andere als eine Schule, die Bildungshorizonte öffnete. Nach dem Scheitern der bürgerlich-demokratischen Revolution von 1848 wachte die Obrigkeit allenthalben darüber, dass kein demokratisches und liberales Gedankengut verbreitet wurde. Gehorsame Staatsdiener sollten auch in Waldenburg erzogen werden. Die 1857 erlassene »Ordnung

Die Zöglinge des Seminars verlassen im Sommer um 5 Uhr, und im Winter 5 ½ Uhr das Bett und legen sich um 9 ½ Uhr, nach Befinden um 10 Uhr zur Ruhe ...
*Ordnung der evangelischen Schullehrerseminare (1857)*

der evangelischen Schullehrerseminare im Königreich Sachsen« zeigte dies sehr deutlich: Der Religionsunterricht dominierte, alle anderen Fächer wie Deutsch oder Rechnen wurden zur reinen Büffelei degradiert; Latein und Philosophie ließ man ganz weg, und Naturkunde, Geschichte und Geografie waren Nebenfächer. Insgesamt also: Das allgemeine Bildungsniveau sollte möglichst niedrig gehalten werden, denn Bildung und Wissen waren ja wohl die Brutstätten der Rebellion.

Da folgte also für May die Enttäuschung auf den Fuß. Er wurde, wie es ein Kenner der Waldenburger Verhältnisse beschreibt, ein »guter Durchschnittsrüpel«, denn die Anstalt war die übliche Mühle, »der Unterricht war kalt, streng, hart … Anstatt zu beglücken, zu begeistern, stieß sie ab«. Was die Wirklichkeit nicht bot, das musste die Phantasie ersetzen. Später behauptete Karl May, er

11   1848: Barrikadenkämpfe
(hier: in Berlin)

habe in dieser Zeit erste literarische Versuche unternommen. Und gleich erhob er sich auch zum jugendlichen Erfolgsautor und verkündete: Für ein Gedicht und eine Motette habe er eine Menge Taler bekommen. Aber nirgendwo gibt es dafür einen Beleg, auch nicht dafür, dass das Gedicht im Wilden Westen erschien, wie er einmal verlauten ließ. Mit kleinen Lügen und ersten Hochstapeleien spazierte er durch das Seminar. Die Miserabilität der Verhältnisse musste geschönt werden, damals, vor allem aber im Rückblick. Die Ferien im heimischen Ernstthal waren ein seltener Lichtblick, und dort fand Karl auch seine erste Jugendliebe. Doch die sechzehn-

12   Waldenburg in Sachsen.
Mitte 19. Jahrhundert

jährige Anna Preußler ließ sich dann lieber von einem Krämer schwängern, der sie heiratete. Der Spatz in der Hand, das war eine verständliche Lebenshaltung des jungen Mädchens.

May saß also wieder auf den harten Anstaltsbänken, das Liebchen war ihm entschwunden, und jede Verletzung der strengen Seminarordnung wurde als verbrecherische Neigung apostrophiert. Überall lauerten die Aufpasser, die sein angeblich »schwaches religiöses Gefühl« rügten, seine »arge Lügenhaftigkeit, sein rüdes Wesen«, und so gab es bald auch einen Vorfall, der solche Vorurteile bestätigte. Der Verbrecher wurde gesucht, und er wurde gefunden.

Im November 1859 war Karl als so genannter »Lichtwochner« für die Kerzenbeleuchtung der Klassenzimmer verantwortlich. Da nahm er sechs »Lichte« an sich, versteckte sie in seinem Koffer, wo sie Mitschüler entdeckten und der Fall zur Anzeige bei der Seminarleitung gebracht wurde. May wollte wohl die Kerzen mit nach Hause nehmen, damit am Weihnachtsfest die Weberstube in Ernstthal in hellem Kerzenlicht erstrahlte. Doch das Licht, das da angezündet werden sollte, erlosch in der massiven Aktion, mit der die Anstaltsleitung den »infernalischen Charakter« dieses Zöglings endlich nachweisen konnte. Der Vorfall selbst war nur ein Anlass, den ungeliebten Seminaristen vor das Tribunal zu bringen. Direktor Schütze hatte nichts Eiligeres zu tun, als den Vorfall dem Gesamt-Consistorium in Glauchau zu melden, und von dort ging es an das sächsische Kultusministerium.

Nachdem ich als Zögling des Schullehrerseminars zu Waldenburg angenommen worden bin, so verspreche ich unter Beitritt meines mitunterzeichneten Vaters, daß ich nach Beendigung meiner Vorbildung zum Schullehrerberuf in oben gedachter Anstalt und nach überstandener Schulamtscandidatenprüfung in den ersten zwei Jahren jede Hülfs- oder andere öffentliche Lehrstelle ... annehmen und wenigstens bis zu meiner Zulassung zur Wahlfähigkeitsprüfung verwalten will.

*Karl May, aus den Seminarakten Plauen (1861)*

Am 28. Januar 1860 wurde das Urteil über Karl May ge-
sprochen: Relegierung von der Anstalt. Das Ende einer
Affäre, der Beginn einer Katastrophe.

Wie der tyrannische Vater das alles aufnahm, kann
man sich vorstellen. Der Kleinstadtklatsch ergoss sich über
die Familie, die hoch gesteckten Pläne versandeten in der
Licht-Affäre. Der sensible Junge war tief verletzt. Er

> Meine Arbeiten fertigte ich mit derselben Gewissenhaftigkeit wie vorher, aber sie wurden mir schwerer als früher; meine roten Wangen wurden blaß; ich magerte ab und wurde wortkarg wie eine Stimmgabel, die auch nur dann erklingt, wenn man ihr einen Stoß versetzt. Es war eine schwere, eine schlimme Zeit! Und sie dauerte übermäßig lang.
>
> *Karl May, ›Weihnacht im Wilden Westen‹ (1897)*

brauchte etliche Wochen, ehe er Anfang März ein Gnadengesuch an das sächsische Kultusministerium richtete. Auch Pfarrer Schmidt setzte sich wieder für Karl May ein. Die hohe Behörde entsprach den Bitten, wohl weniger aus reiner Menschenfreundlichkeit als in der Hoffnung, dass ein gemaßregelter Zögling stille halten werde, im Seminar wie im Leben. Und die nächste Zeit schien der Behörde Recht zu geben. Von Juni 1860 bis September 1861 durfte Karl seine Ausbildung am Lehrerseminar Plauen fortsetzen und abschließen. Er hatte sich dort beworben und eingestanden, dass er eine Unvorsichtigkeit begangen habe, die er jetzt schwer bereue. Für ein Jahr war er nun ein braver und williger Seminarist, es gab keine Klagen. Beim Kastellan der Plauener Freimaurerloge, in einer Dachkammer, fand er ein Quartier.

Wie diese Zeit wirklich war, sollte man erst später aus einer Episode des ›Weihnacht‹-Romans herauslesen können, in der verschiedene Ereignisse ganz eindeutig auf die Biografie des Autors verweisen. May erzählt davon, wie der jugendliche Old Shatterhand von einem Freund mit dem Spitznamen »Sappho« belegt wird. Da erfahren wir also auch von den homoerotischen Neigungen, von

◀ 13  Das erste erhaltene Schriftstück von der Hand Karl Mays: Sein Bewerbungsschreiben an das Lehrerseminar in Plauen

jener pubertären Onanie-Welt, die den jungen Helden
umtrieb. Später wird aus der Zeit der pubertären Krise
eine freundliche Erinnerung erwachsen. Da werden dem
sächsischen Protagonisten Hobble-Frank im ›Schwarzen
Mustang‹ Worte in den Mund gelegt, besonnte Vergangenheit, geschönte Vergangenheit, wie so oft bei Karl
May: »Plauen is mir nämlich sehr ans Herz gewachsen,
denn dort habe ich bei Anders im Glassalon mein schöns-
tes Bier getrunken und meine besten Schweinsknöcheln a
la Omlette gegessen; voigtländische Klöße, so grünge-
kniffte waren, globbe ich, och dabei.«

Schließlich erhielt Karl May sein Abgangszeugnis – die
Prüfung bestand er mit »gut« –, das ihm seine Eignung für
das Lehramt bescheinigte. Zuerst war er freilich »Schul-
amtskandidat« und musste etliche Verhaltensregeln befol-
gen. Erst nach zwei Jahren war dann mit einer Anstellung
als Lehrer zu rechnen. Der Vater war zufrieden, der Hilfslehrer konnte nach einer Anstellung suchen. Die Zeit der
Schule, des Seminars war vorüber. Was würde nun aus
ihm werden? Karl May war 19 Jahre alt, und alles lag vor
ihm.

# Nummer 171 in der Strafanstalt Osterstein

Der Weg war nun frei für eine Laufbahn als Volksschullehrer. Karl May hatte Glück, in der Armen-
schule im benachbarten Glauchau fehlte ein Hilfslehrer,
und er wurde angenommen. Am 5. Oktober 1861 besie-
gelte man per Handschlag seine Bestallung, und er über-
nahm die Verantwortung für die vierte Klasse, bei einem
Gehalt von 175 Talern jährlich samt Logisgeld. Zwei Tage
darauf trat er sein Amt an.

Exakt zwei Wochen später hatte er schon wieder ein
Problem am Hals. In den Akten der Superintendentur
Glauchau findet sich ein Blatt, das über den Vorgang in-
formiert: »... es erscheint der hiesige Kaufmann Herr
Ernst Theodor Meinhold in der großen Färbergasse 7,
gibt an, daß der Hilfslehrer Carl Friedrich May bei ihm
seit dem 5. Oct. sich in Wohnung und Kost gegeben,

14   Glauchau mit den Schlössern Forder- und Hinterglauchau,
um 1860

während dieser kurzen Zeit aber in der unwürdigsten Weise durch Lügen und Entstellungen aller Art sich bemüht habe, die Ehefrau von ihm abwendig und seinen schädlichen Absichten geneigt zu machen.«

Was war geschehen? Der gute Kaufmann hatte wohl seine neunzehnjährige Frau Henriette bei einer Küsserei mit dem Lehrer erwischt. Aber wer hat dabei wen verführt? Eva den Adam oder Adam die Eva? Man kann sich gut vorstellen, dass die junge Frau die Avancen des phantasievollen Mannes genossen hatte. Was nun? Bitte kein Aufsehen in der Kleinstadt. Man ging den Weg des geringsten Widerstandes, der Kaufmann war ein ehrbarer Bürger. So teilte der Superintendent dem Hilfslehrer, der sich nicht wehren konnte, die fristlose Entlassung mit.

Doch wiederum hatte unser Held Glück im Unglück, wenn man es so nennen darf. Es kam ihm zu Ohren, dass an der Fabrikschule der Firmen Julius Claus und C. F. Solbrig & Söhne in Altchemnitz eine Stelle frei war, die schon zu Michaelis besetzt werden sollte. Aber die beiden Interessenten, die sich auf das Inserat des Superintendenten Kohl gemeldet hatten, wurden abgewiesen. Man musste also handeln, und da kam May gerade recht, als er am 26. Oktober 1861 in der Superintendentur vorsprach. Er bekam die Stelle per l. November, allerdings unter einigen Auflagen, nämlich, »daß er nur provisorisch und unter speciellster Controle sein Amt als Fabrikschullehrer zu Altchemnitz verwalten könnte, und er bei der geringsten Veranlassung zu Unzufriedenheit mit ihm in Lehre, Leben und Wandel seiner Stellung wieder entlassen werde«.

---

Offene Lehrerstelle. Für eine Fabrikschule in der Nähe der Stadt Chemnitz wird zu Michaelis dieses Jahres ein tüchtiger Lehrer gesucht, dem bei sechsstündigem täglichen Unterrichte ein Gehalt von jährlich 200 G und freie Wohnung geboten wird.
Anmeldungen nimmt entgegen der Superintendent Kohl zu Chemnitz.

*›Leipziger Zeitung‹ (10.9.1861)*

Dass Karl May die Stelle bekam, war nicht der reinen
Freundlichkeit des Superintendenten zu verdanken. Man
suchte ständig nach Lehrern, die längere Zeit an diesen
Fabrikschulen blieben, welche aber nicht gerade ein Kar-
rieresprungbrett boten. Einerseits verordneten die deutschen Staaten in der ersten Hälfte des 19. Jahrhunderts im
Zuge der beginnenden Industrialisierung die allgemeine
Schulpflicht, andererseits wusste jeder, dass die Kinder
mitverdienen mussten. In Chemnitz, so wird berichtet,
»beginnt für diese Kinder die Arbeitszeit im Sommer oft
morgens vor sechs Uhr und wird mit Ausnahme der
Schulstunden bis zu 9 und 10 Uhr abends fast ohne Un-
terbrechung fortgesetzt, so daß neben einem sechs- oder
dreistündigen Schulunterricht 10 bis 12 Stunden gearbei-
tet werden muß.«

Man weiß, wie diese Schulen aussahen: Die Zimmer
sollten beheizbar sein, der Lehrer hatte die Räume selbst
zu reinigen. So heißt es wohl ein wenig schönfärberisch
über eine Inspektion bei Solbrig & Söhne, dass die »Ta-
feln nicht ganz ausreichend« waren und der Fußboden
»völlig schwarz, wahrscheinlich nie gescheuert, so alt er
auch sein mag«. Und hier nun wurde Unterricht erteilt:
Religion zuerst und zumeist, einige Grundkenntnisse in
Lesen, Schreiben und Rechnen, Realien, Rezitation und
Singen. May hatte Glück, er musste nur etwa 30 Stunden
geben, und seine Klasse bestand aus wenig mehr als
20 Schülern. In anderen Fabrikschulklassen waren es oft
40 bis 60 Kinder, die sich da in dunklen Räumen dräng-
ten. Merkwürdigerweise äußerte sich May über diese Episode seines Lehrerdaseins nur ganz nebenbei. Im Rück-

**Wichtige politische Ereignisse zwischen 1861 und 1874**

1862 Otto von Bismarck wird preußischer Ministerprä-
sident.

1866 Preußen siegt gegen Österreich im Kampf um die
Vorherrschaft in Deutsch-
land.

1870 Deutsch-Französischer
Krieg

1871 Bismarck erreicht durch
Diplomatie und Kriegspoli-
tik den Zusammenschluss
zum Deutschen Reich.
Die »Gründerjahre« brin-
gen wirtschaftlichen Auf-
schwung und Wohlstand.

blick auf jene Jahre tritt etwas anderes viel deutlicher hervor: Er geriet zum ersten Mal in die Mühlen der Justiz.

Es war nur ein winziger Stolperstein, der da im Wege
lag, aber Karl Mays Naivität führte neben seiner Renommiersucht dazu, dass daraus ein Felsbrocken wurde. Seine
blühende Phantasie ließ ihn zum Schriftsteller werden –
und sie sorgte dafür, dass er immer wieder in Schwierig-
keiten geriet.

Eben in dieser Altchemnitzer Zeit bewohnte er ein gemeinsames Zimmer mit dem Buchhalter der Firma, Julius
Hermann Scheunpflug. Richtiger muss es wohl heißen,
die Firma hatte ihm diesen Schlafplatz als »freies Woh-
nen« zugewiesen. Nun wissen wir nicht, wie die beiden
sich verstanden, der Renommierschwengel Karl May und
der Buchhalter. Immerhin borgte dieser seinem Zimmer-

15   ›Die Dorfschule‹. Gemälde
von Albert Anker, 1896

genossen eine Taschenuhr, denn May war zu arm, um sich eine eigene Uhr leisten zu können. So war er in der Lage, seine Schulstunden zu bemessen, und am Abend hängte er dann die Uhr an einen Nagel an der Wand des gemeinsamen Zimmers.

Am letzten Schultag vor den Weihnachtsferien 1861 kehrte May nach Unterrichtsschluss nicht noch einmal in die Unterkunft zurück, sondern fuhr gleich nach Hause. Er nahm also die Uhr mit, außerdem eine Tabakspfeife und eine Zigarrenspitze, die dem Buchhalter gehörten. Der junge Lehrer wollte seinen Eltern ein bisschen feine Lebensart vorgaukeln: Seht, wie weit ich es schon gebracht habe. Und man sollte es bald sehen. Nur anders, als er gedacht hatte.

Der Buchhalter bemerkte das Fehlen seiner Preziosen und rannte zur Polizei. Vielleicht hoffte er, seinen Zimmergenossen auf diese Weise für immer los zu werden. Und die Justiz setzte sich in Gang, um den Verbrecher zu kassieren.

Am zweiten Weihnachtsfeiertag wurde Karl May im Hohensteiner Gasthof »Drei Schwanen« beim Billardspielen verhaftet, wegen Diebstahls einer Taschenuhr, einer Pfeife und einer Zigarrenspitze, die man tatsächlich auch bei

16  »Sie sind mein Gefangener«. Illustration aus Karl Mays ›Waldröschen‹, 1868

ihm fand. Seine Beteuerung, dass er die Dinge nur ausgeliehen habe, interessierte die Gendarmen wenig. Ehe er sich versah, war er auf dem Weg in die Untersuchungshaft in Chemnitz. Was hier geschah, war nicht nur irgendein unglücklicher Zwischenfall. Für May wurde dieses Ereignis zu einem Trauma: »Dieses Entsetzen hat mich nicht wieder verlassen; es gab mich nicht wieder frei.«

Wieder einmal bat der Vater für seinen Sohn. Superintendent Kohl kümmerte das Schicksal des Hilfslehrers May jedoch herzlich wenig. Er war wohl erleichtert, ihn wieder los zu werden. Und das königliche Gerichtsamt in Chemnitz beließ es bei einer Anklage wegen »widerrechtlicher Benutzung fremder Sachen«, obwohl in verschiedenen Schriftstücken auch die Bezeichnung Diebstahl auftaucht. Trotz zweier Gnadengesuche – eines von den Eltern, das andere von ihm selbst – wurde Karl May zu sechs Wochen Gefängnis verurteilt. Vom 8. September bis zum 20. Oktober saß er seine Strafe im Brett-Turm, dem Chemnitzer Stadtgefängnis, ab.

Als er ein Jahr später seine Wiederaufnahme in den Schuldienst beantragte, wurde ihm mitgeteilt, dass er aus der Liste der Schulamtskandidaten gestrichen sei. Seine Zeugnisse wurden eingezogen, die Lehrerkarriere war damit ein für allemal zu Ende. Ob das Opfer dies tatsächlich als Opfer empfand, wissen wir nicht, denn die geachtete Stellung als Lehrer war wohl mehr der Wunschtraum des Vaters für den Sohn. Und dieser Sohn saß nun wie-

---

Ich kann nicht glauben, daß mein Sohn die Uhr in der Absicht genommen hat, einen Diebstahl begehen zu wollen. Ich glaube vielmehr. daß er es gethan hat, besagte Uhr während der Feiertagsferien zu benutzen und sie dann stillschweigend wieder an den Ort ihrer Bestimmung hinzubringen. Sollte es sich so verhalten, wende ich mich im Vertrauen auf Ihre Güte mit der unterthänigsten Bitte an Sie, falls Sie etwas zum Schutze meines Sohnes beitragen können, dasselbe geneigt thun zu wollen, da ich nicht weiß, wohin oder an wen ich mich wenden soll …
*Der Vater Heinrich May in einem Brief an Superintendent Kohl (1862)*

der im Elternhaus. Darüber, was er in den nächsten Monaten getrieben hat, gibt es nur spärliche und widersprüchliche Auskünfte. Der Vater verschaffte ihm bei Bekannten die Möglichkeit, Privatstunden zu geben, auch komponierte er einiges für den Gesangverein »Lyra« – und er phantasierte sich eine Karriere zusammen.

In diese Zeit fielen nun die so genannten »Jugendreisen«, die laut Karl May die Grundlagen seines späteren »Reisewerkes« darstellen. Doch es gibt kaum Zweifel, dass sie hinter dem Ofen im heimischen Ernstthal stattfanden. Angeblich reiste er ja in dieser Zeit auf einem Überseedampfer nach Nordamerika. In St. Louis, so berichtete er, habe er einen aus Deutschland stammenden Oberförster namens Fred Summer kennen gelernt. Der habe dann

17 Der Brett-Turm, das Stadtgefängnis in Chemnitz

rasch aus dem Greenhorn einen ordentlichen Westmann gemacht. Und schon purzelt das Inventar seiner Bücher in die erdachte Wirklichkeit: Die Apachen befreien Fred Summer und Karl May aus den Händen der Kiowas. Und so geht es weiter: Auch die Sioux fangen ihn, diesmal befreit er sich selbst und sucht nun seine Apachenfreunde auf. Irgendwann kommt er aus der Neuen Welt dann in die Alte Welt, und da findet er sich im heimischen Ernstthal wieder. Selbst der Hausbiograf des Karl-May-Verlags, Karl Heinz Dworczak, schreibt in seinem Buch ›Das Leben Old Shatterhands‹ (1935): »Manches im folgenden Geschilderte mag zutreffen, manches auch nicht.« So bleibt eine Tür offen: Es könnte doch so gewesen sein, dass er tatsächlich alles erlebt hat. Das sollte noch zu einer Frage werden, die den Streit um Karl May immer wieder mit neuem Zündstoff versorgte.

18  Die Realität im Wilden Westen: Weiße Siedler erobern das indianische Land Quadratkilometer für Quadratkilometer. Kolorierte Kreidelithografie nach Francis F. Palmer, 1868

Unterdessen musste der Westmann-Volontär sich erst einmal zur Musterung einfinden. Am 6. Dezember 1862 wurde er mit 46 Altersgenossen in Glauchau gemustert und wegen seiner Kurzsichtigkeit als dienstuntauglich eingestuft. So blieben ihm acht Jahre Militär erspart. Nach dem Erlebnis der Musterung beförderte er etliche seiner Phantasiegeschöpfe zu Obersten und Generalen und dachte sich weitere Reisen aus: Diesmal wanderte er als Vortragsreisender in die Schweiz. Dann ging es nach Frankreich, Seite an Seite mit zwei Handwerksburschen. Und der Edelmensch erwies sich auch als abenteuerlicher Kraftmensch: Er umschlang einen bissigen Polizeihund mit bloßen Armen, bis sein Gefährte dem mörderischen Tier den Hals durchschnitt. Auch schwamm er im kalten Oktoberwasser durch die Rhône, um ein Fischnetz zu stehlen, ohne dass die Fischer etwas merkten.

An Phantasie mangelte es diesem Mann also nie, dafür ging ihm der Sinn für die banale Wirklichkeit so gut wie völlig ab. Erfunden sind auch die angeblich erfolgreichen Anfänge seiner Schriftstellerlaufbahn, die er in diese Zeit verlegte: »Und ich begann zu schriftstellern. Ich schrieb Humoresken, dann die ›Erzgebirgischen Dorfgeschichten‹. Ich hatte nicht die geringste Not, Verleger zu finden. Gute, packende Humoresken sind äußerst selten und werden hoch bezahlt. Die meinigen gingen aus einer Zeitung in die andere«, schrieb er in seiner Autobiografie. Aber nichts ist nachweisbar – sagen wir es direkt: Nichts ist wahr. Karl May benutzte seine Erfindungen als solide Basis für sein Schriftstellerleben. Alles, was da gewesen sein konnte, was da gedacht wurde, es kam aus dem Grund-

Es kehrte mir die Kraft und der Wille zum Leben zurück. Ich arbeitete. Ich gab Unterricht in Musik und fremden Sprachen. Ich dichtete; ich komponierte. Ich bildete mir eine kleine Instrumentalkapelle, um das, was ich komponierte, einzuüben und auszuführen. Es leben noch heut Mitglieder dieser Kapelle. Ich wurde Direktor eines Gesangvereins, mit dem ich öffentlich Konzerte gab, trotz meiner Jugend …

*Karl May, ›Mein Leben und Streben‹ (1910)*

gedanken der Rache. May wollte sich »rächen an der Polizei, an dem Richter, rächen am Staate, an der Menschheit, überhaupt an jedermann«, wie er es später einmal ausdrückte. Doch diese Rachegelüste waren durchaus nicht so massiv, wie sie auf den ersten Blick erscheinen. May war ja im Grunde ein sanfter Charakter, wie man es später aus seinen Geschichten herauslesen kann. Zwischen den Zeilen der Autobiografie schimmert die Wahrheit durch: Er selbst war am Ende. Er sah keinen Weg für sich in der Welt, in der er lebte. Niemand gab ihm eine Chance, also musste er sie selbst ergreifen. Er wurde zum Rächer seiner selbst. Nun endlich konnte er seine geheimen Wünsche ausleben – die Lust an der Kostümierung, den Hang zum Abenteuer. Der Hochstapler Karl May begann seine erbärmliche Laufbahn.

So begab er sich erst einmal als Augenarzt Dr. Heilig (man beachte die Namensgebung!), angeblich früherer Militär, aus Rochlitz nach Penig, wo er sich bei einem Schneidermeister neu einkleidete und zu zahlen vergaß. Er behandelte noch einen Hausgenossen des braven Schneiders und brach dann zu einer Reise auf. Ein halbes Jahr später, am 16. Dezember 1864, hatte sich Dr. Heilig

▶ 19   Gebäude der Firma Erler, von der sich Karl May 1865 Pelzwerk erschwindelte

Unbekannter Betrüger in Penig, angebl. Dr. med. Augenarzt und früher Militär aus Rochlitz Namens Heilig (s. Bd. X S. 42 Nr. 22; S. 50, Nr. 24 u. S. 78 Nr. 11). Die Bekanntm. a. erstangef. Orte wird, da sie bisher ohne Erfolg geblieben ist, andurch erneuert. Da der Betrüger wahrscheinlich seine alten Kleider sehr bald nach Erschwindelung der neuen (s. die oben zuerstangeführte Stelle) irgendwo veräußert haben wird, so werden die Polizeiorgane insbesondere darauf hingewiesen, daß namentlich auch sorgfältige Nachfrage bei den Trödlern zur Entdeckung des Unbekannten führen kann. Übrigens hat derselbe einmal Stiefel mit Sporen, das andere Mal Schnürstiefel getragen u. sein dkel brus Haar ist glatt anliegend u. etwas unordentlich lang gewachsen. Seine Haltung war steif und linkisch, sein Benehmen freundl. und gewandt. G. A. Penig d. 12/8. 64
›Königl. Sächsisches Gendarmerieblatt‹ (20.8.1864)

in den Seminarlehrer Lohse aus Chemnitz verwandelt, der sich in den Gasthof »Zum Goldenen Anker« einmietete. Dorthin ließ er sich von einem Pelzwarenhändler ein paar teure Stücke Pelzwerk bringen. Auch diesmal entschwand er, ohne zu bezahlen. Das hätte noch lange so weitergehen können, wenn ihm nicht die Polizei auf die Spur gekommen wäre. Als Notenstecher Hermes tauchte May in Leipzig auf. Irgendwann bedurfte er wieder einmal eines wärmenden Pelzes, den er sich durch den Sohn des Geschäftsinhabers der Firma Friedrich Erler in die gemietete Wohnung am Thomaskirchhof bringen ließ. Und

auch hier verschwand der noble Käufer, ohne die Rechnung zu begleichen. Doch diesmal hatte die Affäre einen simplen Kolportageschluss: May brauchte Geld und schickte deshalb eine Frau Bayer mit dem Biberpelz ins Leihhaus. Aber dort war schon die Polizei zur Stelle, und Pelzhändler Erler identifizierte das gestohlene Gut. Weiter in der Amateurinszenierung: May wartete auf sein Geld, aber vergeblich. Also beauftragte er einen Dienstmann mit Nachforschungen. Und so kam es schließlich, wie es kommen musste: Der Kupferstecher Hermes, der Gott der Diebe, war kein Gott, sondern nur ein dummer, kleiner Dieb, der von den Polizisten in Leipzigs Parkgelände Rosenthal überwältigt wurde. Wo blieben da die Erfahrungen des Westmanns? Die Polizisten brachten den armseligen Old Shatterhand ins Polizeigefängnis von Leipzig. Bei May heißt es dann über diesen Absturz: »Und

er kam, nicht daheim in der Heimat, sondern in Leipzig, wohin mich eine Theaterangelegenheit führte. Dort habe ich, der ich gar nichts derartiges brauchte, Rauchwaren gekauft und bin mit ihnen verschwunden, ohne zu bezahlen«.

So kann man es freilich auch sehen, eine Theaterangelegenheit war es wohl, ein Schmierenstück. Warum es bei seinen Diebstählen allerdings immer um Pelze ging, weiß man nicht. Vielleicht war für ihn ein Pelzmantel der Inbegriff von Reichtum und Noblesse. Später, als erfolgreicher Autor, konnte er sich dann tatsächlich Pelze leisten.

Diese Hintergründe interessierten die Polizei wenig, die zugrunde liegende psychische Schädigung, die »Seelenprotokolle«, die das Geschehen hätten entschlüsseln können – das alles zählte nicht. Hier ging es kurz und knapp um ein Delikt. Am 8. Juni 1865 wurde Karl May wegen mehrfachen Betrugs zu vier Jahren und einem Monat Arbeitshaus verurteilt. Am 14. Juni verschwand er für lange Zeit in der Strafanstalt Osterstein in Zwickau, wo er die Nummer 171 erhielt. Zwar musste er die Zeit nicht ganz absitzen – acht Monate wurden ihm in »Folge Allerhöchster Gnade« geschenkt –, aber es blieben dennoch dreieinhalb lange Jahre übrig.

Wer Mays Autobiografie liest, wird verwundert sein, wie freundlich, ja geradezu mit Dankbarkeit er die Gefängniswelt beschreibt. Die Aufseher sind »stille, ernste« Menschen, den Namen des Saalaufsehers nennt er mit »großer, aufrichtiger Dankbarkeit«. In seinen Büchern zieht er eine andere Bilanz, im ›Waldröschen‹ zum Beispiel wird die Anonymität des Gefangenen beklagt.

◀ 20  Das Arbeitshaus Schloss Osterstein in Zwickau, wo May von Juni 1865 bis November 1868 einsaß

Insgesamt war diese Anstalt aber wohl besser als viele ähnliche Arbeitshäuser. May wurde gleich in die Schreibstube versetzt, wo er jedoch versagte. Also fertigte er Geld- und Zigarrentaschen, und wieder gab es »Beamte, die ich herzlich lieb gewann«. Lebte er auch hier im Gefängnis in seinen Phantasiewelten? Das Arbeitshaus als freundliche Sommerfrische mit Bibliotheksbenutzung? Oder empfand er den Ausstieg aus der komplizierten Realität als eine Möglichkeit der Läuterung, der Besinnung? Wie dem auch sei, er wurde Verwalter der Gefangenenbibliothek. Rund 4000 Bände besaß man in Osterstein, eine Bücherei, die durchaus nicht nur Traktate enthielt. Ob May allerdings, wie er berichtet, hier durch »fremdsprachige Grammatiken« die Grundlagen für seine Reiseromane gelegt hat, darf bezweifelt werden. Er will sich in der Strafanstalt auch schriftstellerisch betätigt haben. Es existiert ein ›Repertorium C. May‹ mit 137 Entwürfen und Skizzen, das sich aber überwiegend in Stichworten und Notizen zu Lektüreeindrücken erschöpft. Obwohl er gelegentlich von umfangreichen Manuskripten spricht, die er in Osterstein geschrieben habe, und auch von Honoraren, die er nach seiner Haftentlassung dafür bekommen haben will – es sind die üblichen Träume, nichts entspricht der Realität.

Doch die Wirklichkeit hatte ihn bald wieder. Am 2. November 1868 verließ er Osterstein mit dem »Vertrauenszeugnis« und kehrte nach Ernstthal zurück. Aber seine Hoffnung, auch der Glaube, den er in Osterstein lebte, sie taugten nicht für die Wirklichkeit, wie es schien. Denn kaum war er wieder frei, da begann er erneut mit seinen

Unbekannter, 28–32 J. alt, ca. 72″ lang, schmächtig, klassischer Gesichtsfarbe, dunkelbraunen Haares, ohne Bart, bekleidet mit Rock, Weste und Hosen von braunem gelblich schimmerndem Stoffe, die Hosen mit schwarzem Gallon versehen, ferner braunem spitzen Filzhut, Siegelring und knotigen Stock tragend, ist am 2. Osterfeiertag bei einem Krämer in Wiederau erschienen, hat sich für den Polizeileutenant von Wolframsdorf aus Leipzig ausgegeben, behauptet, daß er Recherchen wegen falschen

unsäglich dilettantischen Hochstapeleien. War er krank? Lebte er in »schweren seelischen Depressionen«, wie er es im Rückblick behauptete? Mangelte es nur an einem guten Psychiater, und er wäre weder ins Gefängnis gekommen noch hätte er seine Diebereien und Hochstapeleien fortgesetzt?

Das ist sicher richtig. Karl Mays Lebenssituation basierte auf traumatischen Erfahrungen, von frühen Kindheitserlebnissen bis hin zu den Verhältnissen, in denen er leben musste. In seiner ausführlichen Studie weist Hans Wollschläger auf die Formen schwerer narzistischer Affektion hin, die ihre Entstehung in einer »großen Liebesversagung durch die Mutter, das früh alles entscheidende Trauma«, haben, ein tiefenpsychologischer Befund, der nicht von der Hand zu weisen ist. Auch an Claus Roxins griffige und wohl auch richtige Formulierung von der »Pseudologia phantastica« kann man sich im Hinblick auf die Straftaten Mays halten. Jedenfalls, die Wege Karl Mays in diesen Krisenzeiten sind nicht allein simple Hochstapeleien aus Renommiersucht. Sie verweisen vielmehr auf ein komplexes Phänomen, ein Beispiel paranoider Gefährdung dieses Menschen wie des Menschen überhaupt. In seinem Spätwerk finden sich dafür viele Belege.

Karl May war nun erst einmal wieder in Freiheit, wie man so sagt. Was würde er damit machen? Fünf Monate später gab er seine erste Antwort. Da tauchte im kleinen Dörfchen Wiederau ein Polizeileutnant Wolframsdorf aus Leipzig auf, um am 29. März 1869, es war Ostermontag, seinen amtlichen Pflichten nachzugehen. Er kehrte bei

Papiergeldes anzustellen habe, auch aus der Kasse des Krämers 1 Zehnthalerschein als angeblich unächt und 1 vergoldete Zylinderuhr als angeblich gestohlen in Beschlag genommen und ist damit verschwunden. Wird zum Zwecke der Ermittelung des Betrüges bekannt gemacht. Mittweida, d. 1 / 4. 69. Der Staatsanwalt: Taube.

*Steckbrief aus dem ›Königl. Sächsischen Gendarmerieblatt‹, 2.4.1869*

dem Krämer Carl Reimann ein, der angesichts dieses hohen österlichen Besuchs Mund und Augen aufsperrte. Und dem armen Reimann wurde nun mitgeteilt, dass man ihn seit langem in Verdacht habe, mit Falschmünzern in Verbindung zu stehen. Reimann riss die Augen wohl noch weiter auf, aber da schnarrte der Polizeileutnant schon, er solle seine Kasse vorweisen, damit man solchen Vermutungen nachgehen könne. Und schnell hatte er einen Zehn-Taler-Schein entdeckt, der beschlagnahmt wurde. Sapperlot, was für ein glänzender Detektiv war dieser Polizeileutnant! Er merkte auch sofort, dass Reimanns goldene Taschenuhr Diebesgut war. Selbstverständlich wurde sie auch konfisziert. Dann beorderte er den Spitzbuben zum ausführlichen Verhör ins benachbarte Clausnitz. Dort wurde Reimann in den Gasthof gesetzt, wo er auf die Gendarmen warten sollte. Aber es kamen keine Gendarmen, und als ein paar Stunden vergangen waren, fragte er bei den Gendarmen an, was nun mit ihm geschehen würde. Aber die Gendarmen wussten nichts. Und einen Polizeileutnant Wolframsdorf kannten sie nicht.

Dieses war der erste Streich, und der nächste folgte sogleich. Karl May, alias Polizeileutnant Wolframsdorf, avancierte nun zum »Mitglied der geheimen Polizei«. Am 10. April erschien er in dieser Kostümierung bei Seilermeister Krause in Ponitz bei Meerane und forderte ihn auf, seine Finanzen offen zu legen. Es waren etliche Taler, die da offen gelegt wurden, und 30 Taler kassierte der Ge-

---

Die Erinnerung läßt mich im Stich. Ich war wieder krank wie damals. Nicht geistig, sondern seelisch krank. Die inneren Gestalten und Stimmen beherrschten mich vollständig. Wenn ich mir Mühe gebe, mich auf jene Zeit zu besinnen, so ist es mir wie Einem, der vor fünfzig Jahren irgend ein Theaterstück gesehen hat und nach dieser Zeit noch wissen soll, was von Augenblick zu Augenblick geschah und wie die Kulissen sich verwandelten. Einzelne Bilder sind mir geblieben, doch so undeutlich, daß ich nicht behaupten kann, was wahr daran ist und was nicht. Ich habe in jener Zeit jenen dunkeln Gestalten gehorcht, welche in mir wohnten und mich beherrschten.

*Karl May, ›Mein Leben und Streben‹ (1910)*

heimpolizist, denn sie waren, wie sollte es anders sein, Falschgeld. Diesmal wurde der ertappte Sünder aufgefordert, mit nach Crimmitschau zu kommen, wo ein ausführliches Verhör stattfinden sollte. Doch nun nahm die Geschichte einen etwas anderen Verlauf: Als Polizist May und Seilermeister Krause da über die Felder wanderten, verwandelte sich der forsche Polizist plötzlich in den ängstlichen Dilettanten, der er wirklich war und verschwand hinter einem Baum, um angeblich seine Notdurft zu verrichten. Aber es war andere Not, die ihn plagte, denn kaum war er hinter dem Baum verschwunden, da rannte der Polizist seinem Gefangenen davon.

Und Krause, nicht gerade ein Dummkopf, wusste sogleich, dass er einem Betrüger aufgesessen war. Schleunigst wollte er sein Geld zurückhaben. Er rannte hinter dem Pseudopolizisten her, holte ihn ein, und der warf rasch seine Beute zur Seite. Zum Glück hatte er ein ungeladenes Terzerol, eine kleine Taschenpistole mit zwei Läufen, bei sich und konnte sich so einer Ergreifung durch Krause und einem Passanten entziehen. Keine Beute diesmal, aber für die wirkliche Polizei ein ziemlich genaues Signalement, das über den falschen Polizisten verbreitet wurde: »Der Unbekannte ist von mittlerer Größe mit braunem dünnen Schnurrbart und braunem langen Haupthaar, trug breitkrempigen hellbraunen Filzhut, hellbraunen Rock und Weste, Beinkleider von gleicher Farbe und schwarze Gallons.« Man war dem »Braunen« also auf der Spur.

Was nun kam, wir kennen es bereits, waren die üblichen phantastischen Geschichten, die Unfähigkeit, die

Indem ich alle Fehler des Hadschi beschreibe, schildere ich meine eigenen und lege also eine Beichte ab, wie sie so umfassend und aufrichtig wohl noch von keinem Schriftsteller abgelegt worden ist.

*Karl May, ›Mein Leben und Streben‹ (1910)*

Wirklichkeit als Wirklichkeit wahrzunehmen. Da fuhr er also zu seiner Geliebten Auguste Gräßler nach Schwarzenberg, die er nach seiner Entlassung kennen gelernt hatte und schrieb an seine Eltern, zwei »nordamerikanische Herren« hätten ihn gebeten, mit nach Pittsburg zu reisen, um dort eine Hauslehrerstelle anzutreten. Und er formulierte auch, was dies für ihn bedeutet: »Ich reise ab, man wird meine Vergangenheit vergessen und verzeihen, und als neuer Mensch mit einer besseren Zukunft komme ich wieder.«

Wie man heute weiß, kam er nicht nach Pittsburg. Irgendwann behauptete er, er habe in Bremen umkehren müssen. In Wirklichkeit war er im Grenzgebiet zu Böhmen, wo ihn ein Schneider Hoppe in Jöhstadt mit neuen Kleidern versorgte.

Dann tauchte er wieder in Ernstthal auf. Der Pate Weißpflog zeigte wohl ein wenig Verständnis für die Gaunerkarriere des Neffen und schenkte ihm einige »Räuberutensilien«, die May in eine Höhle bei Hohenstein schaffte, die heute Karl-May-Höhle heißt. Ach, es waren klägliche Dinge, die er dort deponierte: ein Kinderwagen, eine Schirmlampe, eine Brille, eine Brieftasche und eine Börse mit ein wenig Geld. Da ein Nachbar die Transportaktion beobachtet hatte, musste Pate Weißpflog Anzeige erstatten. Doch er ließ sich Zeit, damit sein Patenjunge entschwinden konnte. Und der machte fleißig weiter. Es wurde immer bizarrer, was dieser Rächer der Menschheit nun so trieb: In einem Gasthof in Limbach mopste er ein paar Billardkugeln, die er für fünf Taler verkaufen konnte. Aber die Häscher waren ihm auf den

▶ 21   Steckbrief aus dem Königl. Sächsischen Gendarmerieblatt vom 8.6.1869

Fersen. Am 4. Juni wurde dem Gutshofbesitzer Schreier in Bräunsdorf ein Pferd gestohlen, doch ehe der Meisterdieb es zu Geld machen konnte, musste er sich schon wieder davonmachen. Gut zehn Tage später tauchte er mit neuer Identität in Mülsen St. Jakob auf, die Heimat ließ ihn nicht los. Phantasielosigkeit kann man ihm wahrlich nicht vorwerfen, wenn sich die Bilder auch gleichen: Diesmal also war er Bote eines amerikanischen Vermögens, das er als Advokatsgeselle dem Bäckermeister Wappler offerierte. Die Freude war groß, der Bäcker begab sich samt seiner drei Söhne mit dem Expedienten des Advokaten Dr. Schaffrath aus Dresden auf den Weg dorthin. Nun kam die Falschgeldvariante wieder ins Spiel: Karl May kassierte 30 Taler, und diesmal schaffte er es, mit dem Geld zu verschwinden. Dann stieg er noch ins Hohensteiner Kegelhaus ein, die Ausbeute: ein Handtuch, ein Zigarrenpfeifchen. Derartige Tölpeleien konnten auf die Dauer nicht gut gehen: Am 2. Juli wurde der gefürchtete Räuber verhaftet und nach Mittweida ins Stadtgefängnis gebracht. Nun durfte er nochmals die

45) **Unbekannter.** Alter: ca. 25 J.; Statur: schmächtig, ca. 70"; Gesicht: länglich, blaß; Haare: dunkel, lang; Bart: kleines dunkles Schnurbärtchen u. Lippenbärtchen (sogen. Fliege); Sprache: im Dial. der Glauchauer Gegend; Kleidung: brne Joppe, dergl. Hosen mit schrzem Gallon, dkle viertheil. Mütze, oben mit 1 Knopf. Derselbe hat nach Anzeige des Gend. Ernst s. Penig u. des Gend.=Gruppenf. Grundig s. Hohenstein dem Gasthofsbes. Schreier in Bräunsdorf aus unverschloss. Stall in der Nacht des 3/4. huj ein Pferd im Werthe von 200 Thlrn u. 1 Fischbein-Reitpeitsche mit gelblichbraunem Ledergeflecht gestohlen. Das Pferd wurde in Höckendorf bei Meerane, wo es der Unbekannte hatte verkaufen wollen, wieder erlangt, letzterer ist aber nach Schindmaas zu geflüchtet und nicht zu erlangen gewesen. Grundig glaubt an die Möglichkeit der Identität des Diebes mit dem steckbrieflich verfolgten:

Stätten seiner Erfolge, nein, seiner Niederlagen erleben: Staatsanwalt Taube setzte Lokaltermine an, so traf er die Geprellten allesamt wieder. Merkwürdigerweise wollte er sie nun nicht mehr kennen, nicht den Krämer Reimann, nicht den Bäcker. Doch May war sich bewusst, dass er damit seine Verurteilung nur verzögern und nicht verhindern konnte. Also wurde er auf einer dieser Wiedersehensreisen mit der Polizei eines Tages aktiv. In Kuhschnappel ist er seinen Bewachern »unter Zerbrechung der Fessel entsprungen«, dieser Ausdruck hat ihm bestimmt gefallen – Old Shatterhand sprengt die Fesseln.

Nun blieb er für eine Weile entschwunden, aber das Drama – oder ist es eine Tragikomödie? – bewegt sich auf das Ende zu.

Als Alwin Wadenbach tauchte er wieder auf, und nochmals lief die ganze Geschichte ab: Am 4. Januar 1870 wurde im böhmischen Algersdorf ein Mann aufgegriffen, den man zunächst des Diebstahls verdächtigte. Aber nichts wurde bei dem abgerissenen »ausweislosen Fremden« gefunden. Das Bezirksgericht überstellte ihn der Bezirkshauptmannschaft Tetschen. Dort erfuhren die staunenden Beamten seine Geschichte, und, wie könnte es anders sein, Amerika spielte dabei wieder eine Rolle. Aus Orby von der westindischen Insel Martinique käme er, berichtete er den Beamten, er wäre ein Plantagenbesitzer mit bedeutendem Vermögen. Seine hiesigen Verwandten wollte er besuchen. Aber plötzlich seien ihm die Mittel ausgegangen, er hätte sein Geld bei seinem Bruder, mit dem er über den großen Teich ins deutsche Land gekommen wäre. So fabulierte und phantasierte er vor sich hin,

Diese Anhaltspunkte sämtliche zusammengenommen und ergänzt durch Mays eigene Aussagen vor den Bezirksgerichten Leipzig (8.6.1865) und Mittweida (13.4.1870) sowie durch seine späteren Äußerungen in der Selbstbiographie ergeben, daß er auch zwischen Mitte Juli und Mitte Dezember 1864 nicht aus dem sächsischen Staatsgebiet herausgekommen ist, wiewohl übrigens allein die bloße Annahme schon reichlich grotesk wirkt, er sei nach seinem Kleiderschwindel in Penig in die Schweiz, nach

dass sich die Balken bogen. Später sollte sich solche Fa-
bulierkunst als Kunststück erweisen, das ihm tatsächlich
bedeutende Besitztümer einbrachte. Hier war es nur ein
Probelauf, nicht schlecht erdacht, geschickt arrangiert,
aber die ganze Wadenbach-Sippe war leider nirgends
aufzutreiben. Es gab nur eine Personenbeschreibung, und
die besagte, was die Dresdner Staatsanwaltschaft dann
nach Böhmen mitteilte: Der Herr Wadenbach aus Martinique war in Wirklichkeit der gesuchte Karl May.

Nun kehrte er also heim ins deutsche Land, nicht frei-
willig, sondern unter Polizeiaufsicht, aber solche Reisen
waren ihm mittlerweile ja ziemlich vertraut. Im Gegensatz zu seinen erfundenen Reisen war es allerdings eine
ziemlich erbärmliche Wirklichkeit. Am 3. Mai 1870 saß
er im Gerichtsgefängnis Mittweida. Der Angeklagte war
geständig, wie es in den Akten heißt. So wurde er am
13. April verurteilt »wegen einfachen Diebstahls, ausge-
zeichneten Diebstahls, Betrugs und Betrugs unter erschwe-
renden Umständen, Widersetzung gegen erlaubte Selbst-
hilfe und Fälschung«. Hinter den juristischen Formeln
verbargen sich seine Hochstapeleien, Diebereien, diese so
dilettantischen Kriminalunternehmungen, die nun sum-
miert und bilanziert wurden. Das Ergebnis für den »komi-
schen Menschen«, wie ihn sein Pflichtanwalt charak-
terisierte: vier Jahre Zuchthaus. Freilich, eben dieser
Pflichtanwalt Karl Haase hatte ihn nicht verteidigt, sondern ihn nur noch mehr ins Verderben getrieben, wenn er
ihn »ein gemeinschädliches Individuum« nannte. So wurde auch die Revision verworfen, Karl May musste ins
Zuchthaus Waldheim.

Südfrankreich, ja sogar bis Nordafrika gereist und nach fünf Monaten ausgerechnet wieder nach Chemnitz, in die unmittelbare
Nähe seines ersten Tatortes zurückgekehrt, um dort – mit gleicher »Handschrift« – abermals einen Kleiderschwindel zu ver-
üben.

*Hainer Plaul, ›Auf fremden Pfaden‹,*
*in JbKMG (1971)*

Kennst du die Nacht, die auf die Erde sinkt / Bei hohem Wind und scheuem Regenfall, / Die Nacht, in der kein Stern am Himmel blinkt, / Kein Aug durchdringt des Nebels dichten Wall? / So finster diese Nacht, sie hat doch einen Morgen / O lege dich zur Ruhe und sei ohne Sorgen!

Kennst du die Nacht, die auf das Leben sinkt, / Wenn dich der Tod aufs letzte Lager streckt / Und nah der Ruf der Ewigkeit erklingt, / Daß dir der Puls in allen Adern schreckt? / So finster diese Nacht, sie hat doch einen Morgen / O lege dich zur Ruhe und sei ohne Sorgen!

Kennst Du die Nacht, die auf den Geist dir sinkt, / Daß er vergebens um Erlösung schreit, / Die schlangengleich sich ums Gedächtniß schlingt / Und tausend Teufel ins Gehirn dir speit? / O sei vor ihr ja stets in wachen Sorgen, / Denn diese Nacht allein hat keinen Morgen!

*Eine der frühesten erhaltenen schriftstellerischen Arbeiten von Karl May, entstanden vermutlich in der Haftzeit. Erstmals abgedruckt in ›Waldröschen‹ (lfg 6, 1882)*

Von 1870 bis 1874, für vier lange Jahre. Diesmal bekam er die Nummer 402. Draußen tobte die Schlacht bei Sedan, und dann ließ sich Wilhelm I. in Versailles zum deutschen Kaiser ausrufen. Leo Tolstoi schrieb an ›Krieg und Frieden‹, und Peter Rosegger, mit dem May später korrespondierte, verfasste die ›Schriften des Waldschulmeisters‹.

Aber Karl May saß hinter den Mauern des alten Zuchthauses, und wiederum vollzog sich ein merkwürdiger Läuterungsprozess. »Meine Strafe war schwer und lang«,

**Peter Rosegger** (1843–1918), volkstümlicher österreichischer Schriftsteller, gab die Zeitschrift ›Heimgarten‹ heraus. Erzählerisches Naturtalent, knüpft an die Tradition der aufklärerischen Dorfgeschichte an, am besten sind seine autobiografischen Romane ›Heidepeters Gabriel‹ (1862) und ›Als ich noch ein Waldbauernbub war‹ (1900) gelungen. Rosegger, der »die Dinge schöner und besser nahm, als sie an sich sein mögen«, wurde ein Vater jener Heimatliteratur, die die Idylle anstelle der Realität gestaltete.

schrieb er später, aber was er wirklich dort zu ertragen hatte, wurde verschwiegen. Er wurde als Protestant Orgelspieler im katholischen Gottesdienst, und wie schon in Zwickau will er auch hier mehrere literarische Werke produziert haben, die er angeblich nach Hause schickte. Wahrheit oder Erfindung, wir wissen es nicht, wie sooft bei solchen Eröffnungen. Und nahm er nun tatsächlich Abschied vom Bösen, war es der Katechet Johannes Kochta, der ihm half, zu Gott zu finden und Frieden zu machen mit sich und der Welt? Ganz sicher fand eine solche Läuterung statt. Als sich ihm am 2. Mai 1874 das Zuchthaustor öffnete, antwortete er auf die übliche Frotzelei eines Wärters, der danach fragte, wann er ihn denn wiedersehe: »Mich sehen Sie hier nie wieder!« Wenn es denn wahr ist.

Jedenfalls änderte sich nun der Lebensweg des armen Poeten tatsächlich. Ob er schon seit der Haftanstalt Kontakt zu einem Mann hatte, der fortan eine ganz entscheidende Rolle in seinem Leben spielen sollte, ist nicht bewiesen, es spielt auch keine Rolle. Aber Heinrich Gotthold Münchmeyer, geboren 1836 in Lauterbach bei Bischofswerda, der 1860 die aus Grüna bei Hohenstein-Ernstthal gebürtige Pauline Ey heiratete, sorgte von nun an dafür, dass Karl Mays Phantasien in eine Richtung gelenkt wurden, die nicht mehr in die Niederungen der Kriminalität, sondern in die Sümpfe der Kolportage führten.

Wichtig ist, daß Verleger Münchmeyer eine ausgesprochene geschäftliche Vorliebe gerade für bestrafte Mitarbeiter hatte. Geht man die Schriftsteller und Schriftstellerinnen durch, die für ihn geschrieben haben, so bilden die Bestraften einen ganz bedeutenden Prozentsatz von ihnen. Das bemerkte ich schon bald, nachdem ich bei ihm eingetreten war. ... Als ... ich ihn nach seinen Gründen fragte, antwortete er: »Mit einem Schriftsteller, der bestraft worden ist, kann man machen, was man will, denn er fürchtet, daß seine Vorstrafen verraten werden.« »Also auch ich?« rief ich aus, erstaunt über diese Aufrichtigkeit. »Unsinn!« entgegnete er. »Mit Ihnen ist das etwas ganz anderes. Wir sind Freunde!«

*Karl May, ›Mein Leben und Streben‹ (1910)*

# Lohnschreiber für Herrn Münchmeyer

Am 1. Mai 1874 erging ein Schreiben der Königlichen Anstaltsdirektion aus Waldheim an das Pfarramt in Hohenstein-Ernstthal, das die Entlassung des Karl May für den nächsten Tag anzeigte. Gleichzeitig wurde der ehemalige »Züchtling Nummer 402« mit zwei Jahren Polizeiaufsicht belegt. Und damit nicht genug, auch bürgerliche Ehrenrechte wurden ihm aberkannt. Aber es war ja fraglich, ob Karl May unbedingt Bürgermeister oder Schöffe werden wollte. Mehr beschäftigte ihn wohl das Problem seiner Existenz.

Am 2. Mai 1874 war er frei. Er verließ die Anstalt und kehrte nach Hohenstein zurück. Nun saß er in der Wohnung der Eltern, die mittlerweile in ein Haus am Markt gezogen waren, und harrte der Dinge, die da kommen sollten. »Es war ein stürmischer Frühlingstag, es regnete und schneite. Vater kam mir entgegen. Es fiel ihm auch dieses Mal nicht ein, mir Vorwürfe zu machen. Er hatte meine Manuskripte gelesen und meine Briefe fast auswendig gelernt. Er wußte nun, daß er in Beziehung auf meine Zukunft nichts zu fürchten hatte.« Man weiß nicht, was man an solchen Sätzen mehr bewundern soll, die Unbedarftheit, mit der uns der gerade entlassene Zuchthäusler weismachen will, dass der Vater so ganz auf des Sohnes heller Zukunftswolke schwebte, oder die ewige Renommiersucht, die Karl May schon immer begleitete

▶ 22   Karl May als Redakteur.
Fotografie, um 1875

und für immer begleiten würde. Jedenfalls hat es den An-
schein, dass der ehemalige Strafgefangene die alten
Hochstaplerauftritte in der Realität nicht weiterführen
wollte – die Rollenspiele wurden fortan aufs Papier ge-
bannt. Karl May saß in Hohenstein im so genannten Selb-
mannhaus und schrieb.

Was er schrieb? Das liegt einmal mehr im Nebel der Vergangenheit, denn seinen eigenen Aussagen kann man ja nicht trauen. Ein paar Veröffentlichungen aus jenen ersten Monaten sind bekannt: Im Mitgliedsblatt der sächsischen Militärvereine in Pirna erschien ein bedeutendes Werk mit dem Titel ›Rückblicke eines Veteranen am Geburtstage Sr. Majestät des Königs Albert von Sachsen‹, das als Verfasser den Namen Karl May trägt. Schlimme Reimerei und noch schlimmere Schleimerei:

>»Nehmt den Pokal, das volle Glas zur Hand,
>Erhebt den Blick zum freien deutschen Aaren,
>Und hell und jubelnd schall' es durch das Land:
>Der Löwe Sachsens hoch mit seinen Schaaren!«

Freilich, damit war wohl auch in Sachsen keine literarische Existenz zu begründen. Aber May konnte auch anders. In dieser Zeit, im April/Mai 1875, erschien seine erste Erzählung, ›Die Rose von Ernstthal‹. Ob es tatsächlich seine erste Prosaveröffentlichung war, ist unsicher, denn in den lokalen Blättern ist durchaus noch manche Lohnschreiberei zu vermuten.

Doch nun verknüpfte sich Karl Mays Leben mit dem schon genannten Namen: Heinrich Gottlob Münchmeyer tauchte in Hohenstein auf. Die Frage, ob es schon früher

Die Tiefe, in der ich mich jetzt zu bewegen habe, wurde schon durch den Titel des vorliegenden Buches angedeutet: ›Ein Schundverlag‹. Dieses Wort ist keineswegs meine eigene Erfindung. Auch setze ich mich, indem ich es als Überschrift benutze, keineswegs der Gefahr aus, wegen Beleidigung verklagt zu werden. Nämlich der Chef der Firma H. G. Münchmeyer hat diesen terminus technicus höchstselbst für sich sanktioniert. Ich besitze von ihm einen Brief, den ich Jedermann zeigen kann. Da schrieb er mir seinerzeit: »Ich versichere Ihnen schließlich noch, dass mich nur der Zufall zum Schundverleger gestempelt hat; es steckt aus meinem früheren Geschäft noch ein gut Teil bester Verlegergeschmack in mir, den Sie zu meinem Glück ev. berufen sind, in mir wieder wachzurufen …«

*Karl May, ›Ein Schundverlag und seine Helfershelfer‹ (1909)*

Kontakte gegeben hatte, gehört zu den üblichen Streit-
punkten, die in der Karl-May-Literatur ganze Horden
von Sammlern und Jägern beschäftigten. Münchmeyer,
einst Zimmermann und Tanzmusiker, hatte die Zeichen
der Zeit erkannt: 1862 gründete er in Dresden ein »Ver-
lags- und Colportage-Geschäft«. Die Kalender und Heft-
chen verkaufte er selbst, und als er ab 1874 eine »Druckerei mit Dampfbetrieb« sein Eigen nennen konnte, da
flatterten die Druckerzeugnisse in Massen ins Land.

Seit der Mitte des 18. Jahrhunderts hatte sich ja die Produktion von Büchern und Heften vervielfacht. Lesegesell-
schaften und Leihbüchereien waren die Abnehmer, und
die Flut der Hefte, Almanache und Kalender spülte ihre
»Wasser durch den Reise- und Kolportagebuchhandel«.
Aber neben den Ritter- und Schauerromanen, den Ge-
spenstergeschichten und Räuberpistolen hatte auch die

23  Im ›Kamerad‹ erschienen
die ›Rückblicke eines Veteranen
am Geburtstage Sr. Majestät des
Königs Albert von Sachsen‹

bürgerliche Gelehrsamkeit ihren Platz in diesem Schrifttum: dozierende Familienblätter, Kalender für alle Berufsgruppen, das Geschäft mit allem Gedruckten blühte. Daran partizipierte auch Herr Münchmeyer. Und wenn man sich die heutigen Hochglanzprodukte anschaut und die Heftreihen in den Zeitungsläden – die Zeiten sind dahingegangen, aber noch immer hat solches Schriftwerk Konjunktur.

Es muss wohl doch eine Korrespondenz zwischen Karl May und Münchmeyer gegeben haben, denn eines Tages also erschien der Verleger Heinrich Gottlob Münchmeyer in Hohenstein und bot dem stellungslosen Schriftsteller einen Redakteursposten an. Münchmeyer hatte ja seit 1873 einen Redakteur, Otto Freitag, der einige Unterhaltungsblätter betreute: zuerst ›Der Beobachter an der Elbe‹, dann als Ableger auch ›Beobachter an der Saale und der Spree‹. Aber das Interesse des Publikums hielt sich in Grenzen. Münchmeyer sann auf neue Unternehmungen. Da sich sein Redakteur Freitag Anfang 1875 selbstständig gemacht hatte, kam ihm Karl May gerade recht. Sie brauchten sich gegenseitig, und per Handschlag wurde die Zusammenarbeit besiegelt. Natürlich stilisierte Karl May diese Begegnung wieder ein wenig hoch, betonte seine Bescheidenheit und seine Zurückhaltung: Es habe der ganzen Überredungskunst des Verlegers bedurft, ihn zu solcher Aufgabe zu gewinnen – diese Selbstbeweihräucherung kennen wir ja schon.

Jedenfalls schnürte Karl May zwei Tage nach dem Besuch Münchmeyers sein Ränzel und reiste am 8. März 1875 nach Dresden. Doch da unser Jungredakteur noch

Schacht und Hütte sollte ein Arbeiterblatt werden, wie es noch nirgendwo je eines gegeben hatte. Ich war am Abende heimgekommen und ging am Morgen ins Geschäft … Ich ging also zum »Heinrich«, der … mir sagte,

immer unter Polizeiaufsicht stand, hatte der Hohensteiner Polizeibrigadier Frenzel nichts Eiligeres zu tun, als der Dresdner Polizei schon vier Tage später, am 12. März 1875, anzuzeigen, dass der »bestrafte Gauner und Schullehrer Carl Friedrich May« von Hohenstein nach Dresden gegangen sei. Daran wurde die Vermutung geknüpft, dass »derselbe auch seine frühere verbrecherische Laufbahn theilweise wieder betreten dürfte«. Nun ja, in Verdächtigungen und Amtshandlungen war man geübt – am 15. März wurde Karl May ausgewiesen. Er verfertigte zwar sofort ein Bittschreiben, in dem er um die Möglichkeit des Aufenthalts nachsuchte. Die Anstellung war ihm sehr wichtig, er sah hier eine Chance, den Teufelskreis zu durchbrechen. Doch die Polizeidirektion interessierte sich nicht für sein menschliches Schicksal und verfügte per Dekret vom 24. März, dass Karl May Dresden innerhalb von drei Tagen zu verlassen habe.

Münchmeyer war ein Mann, der solche Querelen nicht allzu ernst nahm. Er interessierte sich nicht für das Vorstrafenregister seines Redakteurs, oder doch nur insoweit, dass er damit gegebenenfalls ein Druckmittel in der Hand hatte. May durfte seine Redakteursarbeit von Hohenstein aus erledigen. Als er im August erneut ein Gesuch einreichte, wurde es gnädig gewährt, und Karl May zog ins Hintergebäude der Münchmeyerschen Druckerei ein. Was er schon in Hohenstein begonnen hatte, wurde nun hier fortgesetzt. Zwei neue Wochenblätter, diesmal nicht im Flussnetz Deutschlands angesiedelt, redigierte er als Redakteur: ›Schacht und Hütte‹ und ›Deutsches Familienblatt‹.

daß er … besonders mit ›Schacht und Hütte‹ ein geradezu glänzendes Geschäft machen werden …, weil er den unendlich glücklichen Einfall gehabt habe, nach meiner Abreise meine fünf Originalnummern umzuändern und zu verbessern … ›Schacht und Hütte‹ musste ganz selbstverständlich nun mit dem fatalen Schundroman weitergeliefert werden

*Karl May, ›Ein Schundverlag und seine Helfershelfer‹ (1909)*

Vom Redakteur wurde erwartet, dass er auch eigene Produktionen lieferte, und im ›Beobachter an der Elbe‹ erschienen die Novelle ›Wanda‹ und die Erzählung ›Der Gitano‹. Dass der ›Beobachter‹ sein Erscheinen bald darauf einstellte, hing nicht ursächlich mit diesen Texten zusammen, aber beide Geschichten erwiesen sich nicht gerade als Achtungszeichen eines Talents. May hatte ja auch vor allem damit zu tun, den Erfolg der neuen Blätter zu organisieren. Und mit der ihm eigenen Übertreibung schildert er in seiner Autobiografie, wie er durch Deutschland und Österreich eilte, »um die großen Firmen z. B. Hartmann, Krupp, Borsig usw. dafür zu interessieren«; angeblich hatte er damit auch Erfolg. Münchmeyer bedankte sich bei dem unermüdlichen Akquisiteur, er schenkte dem Edelmenschen ein Klavier. Ob May allerdings tatsächlich 200 000 Leser gewonnen hatte, darf man getrost bezweifeln. Er nahm es nicht so genau mit den Zahlen, auf hunderttausend mehr oder weniger kam es ihm nicht an. Immerhin, das Blatt schien Leser gefunden zu haben, es bot die damals beliebte Mischung aus Unterhaltung und Belehrung. May selbst schrieb etliche populäre Aufsätze, über die Geschichte des Suezkanals, über Dampfmaschinen und Erdöl. Und eigene Gedichte druckte er auch, er war fleißig, das muss man ihm lassen: Von den mehr als 30 Fortsetzungen der so genannten ›Geographischen Predigten‹ hat er viele selbst geschrieben. May absolvierte hier eine wichtige Lehrzeit als Kompilator von wissenschaftlichem Faktenmaterial. Das Konversationslexikon wurde für ihn zur Quelle der Inspiration, und seine Phantasie fand einen faktischen Hintergrund. Die

Der eigentliche Schund-Begriff bei den Münchmeyer-Romanen hätte sich zuletzt – gibt man es überhaupt auf, ihnen mit Literaturmaßstäben zu kommen – einzig aus dem zu definieren, was man immerhin in durchaus angemessener Feierlichkeit ihr Weltbild nennen mag – (um sodann auf jede weitere Benennung zu verzichten): die Modellverkündigung jenes deutschen Stubenglücks, das mit gefalteten Händen am leeren, aber reinlich gescheuerten Tische sitzt, den König milde über sich an der Wand

**Deutsches**

**Familienblatt.**

Wochenschrift für Geist und Gemüth
zur
Unterhaltung für Jedermann.

Erster Jahrgang.

Dresden.
Redaction, Druck und Verlag von H. G. Münchmeyer.

24   Erstes Heft vom
›Deutschen Familien-
blatt‹, das im Septem-
ber 1875 erschien

Schuld dafür, dass das Blatt nach Jahresfrist sein Erscheinen einstellte, schob der Redakteur May auf den Verleger, der angeblich das Niveau der Postille gemindert hatte. Belassen wir es bei solcher Selbsteinschätzung. May
hatte ja noch anderes zu tun.

Und mit einem Paukenschlag begann er im ›Deutschen
Familienblatt‹ seine wirkliche Karriere. Im ersten Heft
der Zeitschrift vom September 1875 erschien ›Aus der
Mappe eines Vielgereisten‹, eine Geschichte von dem In-

und den Herrgott noch hö-
her darüber am Himmel dro-
ben.
 *Hans Wollschläger, ›Karl May‹*

dianerhäuptling ›In-nu-wo‹. Kurz darauf folgte ›Old Firehand‹, dem in der Prärie ein Apache begegnet: Winnetou. Das ist also die Geburtsstunde von Mays berühmtester Gestalt. Die Karl-May-Exegeten rätseln seit langem und haben Wörterbücher der Indianersprachen gewälzt, nirgendwo ist eine vernünftige Erklärung für dieses Wort Winnetou zu finden. Da erscheint es nicht unvernünftig, wenn wir uns aus dem unbekannten faktischen Hintergrund einfach in die

25   Charles Sealsfield
(1793–1864)

Phantasiewelt des Autors begeben: Vielleicht kommt Winnetou aus der Klangähnlichkeit zu In-nu-wo. Manche Forscher halten dies jedenfalls für eine plausible Erklärung.

Damit hat es also begonnen: »So klang es über die Ebene hin, und Swallow, mein wackerer Mustang, spitzte die kleinen Ohren, schnaubte freudig durch die Nüstern und hob graziös die feinen Hufe wie zum Menuett.« Ein unvergesslicher Anfang. Nun endlich hatte Karl May seinen Stoff und seinen Stil gefunden. So würde es weitergehen, etliche Tausende von Seiten, und mit jedem Buch sollte er neue Anhänger und Leser finden.

---

Dieses Prinzip der Aufklärung des geistigen Fortschrittes habe ich zum Gesichtspunkte genommen und werde ihm treu bleiben. Ich habe deßhalb vorgezogen, Thatsachen, lebende, ja geschichtliche Personen zu zeichnen, nach dem anerkannten Grundsatze, daß öffentliche Charaktere auch offen behandelt werden dürfen.

*Charles Sealsfield, Einleitung zu ›Morton‹*

26  James Fenimore Cooper

Was war es, was diese Gestalt, diese Geschichten so unwiderstehlich und berühmt machte? Es gibt Dutzende von Büchern, Hunderte von Aufsätzen, die versuchen, das Phänomen der Wirkung der Karl-May-Bücher zu ergründen. Da ist wohl zunächst der historische Hintergrund, der Stoff. Es beginnt mit der Anziehungskraft, die die junge amerikanische Demokratie auf Europa ausübte, auch auf europäische Autoren. Ernst Willkomm formulierte das Grundthema seines Romans 1838 schon im Titel: ›Der Europamüde‹. Das Werk von Charles Sealsfield alias Karl Postl bot darüber hinaus auch die realistische Beschreibung des abenteuerlichen Lebens in Amerika. Bei Sealsfield geht es um die tragischen Folgen der europäischen Einwanderung auf die uralten indianischen Gentilgesellschaften. Seine Indianerfiguren repräsentieren die Legitimität ihres Anspruchs auf althergebrachte Lebensformen und auf ihr Land. Andererseits wird aber auch der berechtigte Vorgang der Landnahme und Zivilisation, also der Verwandlung einer Wildnis in eine Kulturlandschaft begründet. Die gleiche Problematik schildert der Amerikaner James

**James Fenimore Cooper** (1789–1851), nordamerikanischer Romancier und Essayist, Begründer des historischen Romans in der nordamerikanischen Literatur. Berühmt wurden seine ›Lederstrumpf‹-Erzählungen (1823/1841), die den Lebensweg des Trappers Natty Bumppo verfolgen. Realistische Beschreibung der Indianer und ihrer Situation.

Fenimore Cooper vor allem in seinen ›Lederstrumpf‹-Romanen. Aber auch die Reisebeschreibungen von Friedrich Gerstäcker und Balduin Möllhausen verfehlten nicht ihre Wirkung auf Karl May. Literatur kommt von Literatur. Hier haben wir ein merkwürdiges Beispiel dafür. Das also war der Nährboden, in dem Mays Geschichten gediehen, nicht in den angeblichen eigenen Reiseerlebnissen. Mays Kenntnisse der tatsächlichen Verhältnisse in Nordamerika speisten sich aus mancherlei Quellen. Was dieser Autor wirklich über das Leben der Indianer im letzten Viertel des 19. Jahrhunderts wusste und was nicht, darüber wurde noch oft und lange gerätselt. Und weshalb ist der Held seiner Indianergeschichten nun gerade ein Apache? Es gibt viele Erklärungen dafür. Apachen ist eine Sammelbezeichnung für eine Gruppe von Stämmen. Die Krieger dieser Stämme waren keineswegs solch »edle Wilde«, wie sie in den Büchern von Karl May erscheinen. In seinem anregenden Streifzug durch die Indianergeschichte schreibt Rainer Klis: »Die Cowboys, die Reiterstämmen, wie den Sioux oder Comanche mit Respekt begegneten, verachteten und töteten die A. deshalb, wann immer sich dafür die Gele-

27 Winnetou-Darstellung aus dem Band ›Im fernen Westen‹, 1879

▶ 28 »Wirkliche« Apachen: Die Chiricahua-Apachenführer Geronimo (2. v. r.) und Naiche (1. v. r.), die den Lebensraum ihres Stammes in einem erbitterten Guerillakampf gegen die weißen Siedler zu verteidigen suchten. Im Jahr 1886 gaben sie schließlich auf.

genheit bot.« Die Häuptlinge der Apachen hatten mit der Gestalt Winnetous wenig gemein, doch in der Realität wie auch bei Karl May sind es Apachen, die dem Vordringen der Weißen heftigen Widerstand entgegensetzten. Aber hat Karl May das gewusst? Es wird noch oft spekuliert werden über dieses alte Thema, den Zusammenhang zwischen Realität und Dichtung.

Und um Dichtung handelt es sich hier. Oft hat sie mehr mit der Biografie des Dichters zu tun als mit den Realitäten des stofflichen Hintergrunds. Auch hier, vor allem hier. Denn es ist ja Karl Mays Jugendgeschichte, die sich verwandelt wiederfindet: Es ist seine Befreiung aus Gefangennahme und Verfolgung, ein Motiv, das in vielen Varianten in seinem Werk auftaucht. Die alte Märchenmoral: Das Gute siegt schließlich über das Böse. So entstehen die Bücher, die uns scheinbare Wirklichkeit beschreiben.

Aber wir sind der Zeit und den Wegen von Mays Büchern weit vorausgeeilt. Jenem frühen Text war all dies noch nicht zu entnehmen. Auch wenn es die Geburtsstunde Winnetous war – die Zeit des Bestsellerautors hatte noch nicht begonnen. Noch saß er als Lohnschreiber bei Münchmeyer in Dresden und kritzelte brav seine Texte für die verschiedenen Blätter des Kolportage-Imperiums.

Doch nun geschah etwas, das im Leben eines jungen Mannes einmal kommen musste und das Folgen hatte: Bei einem Aufenthalt in der Heimatstadt lernte er im Haus seiner Schwester Christiane eine junge Dame kennen, die es ihm sofort angetan hatte: Emma Lina Pollmer. Die Neunzehnjährige war eine Schönheit, und sie wusste es. Sie hatte zahlreiche Verehrer. Es packte auch Karl May, und als Emma seinem Werben entgegenkam, fühlte

29   Dresden. ›Blick vom Quandt'schen Garten nach der Dresdner Altstadt‹. Gemälde von Franz Wilhelm Leuteritz, 1860

▶ 30   Die Kirche St. Christophori in Hohenstein, wo Karl May und Emma Pollmer 1880 getraut wurden

er sich geschmeichelt. Natürlich kaschierte er seine Motive: Nicht simple Begierde soll es gewesen sein, die ihn umtrieb, sondern die Ahnung, dass dieses Wesen für seine schriftstellerische Arbeit von Bedeutung sein würde, wie er später vermerkte. Und Ahnung und Gegenwart kamen da schon zusammen, nur anders als es sich Karl May in seinem Liebeswerben gedacht hatte: Die Dame wurde zum Problem in seinem Leben und seiner Arbeit.

Zunächst brach er seine Beziehungen zu Münchmeyer ab. Er hatte die Kolportageschreiberei vorerst satt, die Launen des Verlegers auch, und als der ihm gar die Hand seiner Schwägerin Minna Ey offerierte, verließ Karl May im März 1877 das Verlagshaus. Er blieb freilich in Dresden und zog in die Pillnitzer Straße. Nun ritt er also erst einmal den Mustang des Liebeswerbens und schwärmte: »Ihre Zuschriften machten einen außerordentlich guten Eindruck. Sie sprach da von meinen ›edlen Zielen und Idealen‹. Sie zitierte Stellen aus meinen ›Geographischen Predigten‹ und knüpfte Gedanken da-

ran, deren Trefflichkeit mich erstaunte. Welch eine Veranlagung zur Schriftstellersfrau.« Dahin wehte also der Wind. Flugs eilte May wieder nach Hohenstein, wo Emma bei ihrem Großvater, dem alten Lotterieschweden Christian Gotthilf Pollmer, lebte, der natürlich an einer möglichen glänzenden Zukunft der jungen Dame teilhaben wollte. Karl überredete Emma, mit ihm nach Dresden zu kommen. Doch der Großvater tobte und verlangte eine Aussprache mit dem Mädchenräuber. May reiste ab, und Emma folgte ihm auf den Fuß. Sie nahm erst Quartier bei der Witwe Petzold in der Mathildenstraße, aber bald huschte sie zu ihrem Liebhaber nach Dresden-Strießen. Der Großvater ließ nicht locker, und so kehrte sie zurück, bis man sich schließlich im Dreierbund versöhnte. May ging wieder nach Dresden, und nach einem Zwischenspiel wurde Emma seine Frau.

Zuerst aber musste etwas für die Karriere getan werden. Nachdem er also Münchmeyer verlassen hatte, wurde er von dem Dresdner Verleger Bruno Radelli als Redakteur für das Wochenblatt ›Frohe Stunden‹ engagiert. Und May schrieb und schrieb. Die Postille forderte seinen Fleiß, und der Autor produzierte für alle Gelegenheiten. Hier erschien auch in 32 Fortsetzungen der Kriminalroman ›Auf See gefangen‹, der später unter dem Titel ›Winnetou und der Detektiv‹ veröffentlicht wurde. Wie auch in anderen Werken sind bereits in diesem Roman viele Motive und Figuren seiner späteren Geschichten zu

Ihr seid Master Winnetou? Der Indianer neigte, den Skalp Riccarrohs an seinen Gürtel hängend, zustimmend das Haupt.

Wir haben Euch die heutige Rettung zu verdanken, ich werde einen Bericht schreiben, der bis hinauf zum Präsidenten geht, dann wird der Lohn nicht ausbleiben! Der Häuptling der Apachen braucht keinen Lohn! Er liebt die weißen Brüder und gibt ihnen seinen Arm im Kampf, aber er ist stark und reich, reicher als der große Vater der Bleichgesichter. Er bedarf weder Gold noch Silber, weder Hab noch Gut, er will nicht nehmen, sondern er gibt. Uff!

*Karl May, ›Auf See gefangen‹ (1878)*

finden. Auch in anderen Blättern konnte er publizieren, und May, ein schneller Schreiber, nutzte diese Chancen. Im ›Weltspiegel‹ in Dresden, im ›Bote‹ in Glogau, im ›Centralorgan für die gewerblichen Vereine Deutschlands. Deutsche Gewerbeschau‹ erschienen seine Geschichten

31  Emma und Karl May. Fotografie, Anfang der 1890er-Jahre

und Humoresken, und auch in Peter Roseggers ›Heimgarten‹ konnte er die morgenländische Erzählung ›Die Rose von Kahira‹ unterbringen. Rosegger lobte die Einsendung und mutmaßte: »Seiner ganzen Schreibweise nach halte ich den Verfasser für einen vielerfahrenen Mann, der lange Zeit im Orient gelebt haben muß …« Nun ja, wenn andere Menschen das auch so sahen, dann konnte es nicht anders sein. Man hüllt sich in den Mantel, der einem geboten wird.

Es ging also aufwärts, aber wie sooft bei Karl May, dem guten Schreiber, reichte ihm sein Metier nicht. Einmal mehr konnte er der Versuchung nicht widerstehen, in andere Kleider zu schlüpfen. Die Gelegenheit bot sich, nachdem Emil Pollmer, Sohn des Hohensteiner Barbiers, am 26. Januar 1878 unter seltsamen Umständen ums Leben gekommen war. Angeblich war im Gasthaus »Zum braven Bergmann« in Niederwürschnitz ein übler Streit zwischen den Gästen entbrannt, woraufhin der Wirt Pollmer kurzerhand vor die Tür setzte. Dort wurde er von einem Pferdegeschirr angefahren. Er schleppte sich zurück zum Gasthof und erlag kurz darauf seinen Verletzungen.

So gab es für die Behörden nicht viel zu untersuchen: Pollmer war als Alkoholiker bekannt, er war also besoffen, als er unter die Räder kam. Aber der Großvater von Mays liebster Emma wollte sich mit diesem Urteil nicht abfinden: Wozu hatte man ein zukünftiges Familienmitglied mit ausgewiesener Erfahrung in Kriminalsachen? Also führte Karl May am 25. April 1878 eine Untersuchung der Angelegenheit in besagtem Gasthof durch. Der Wirt gab später zu Protokoll: »Ende vorigen Monats erschien ein anständig gekleideter Mann in meinem Gasthof im grauen Überrock, mit kleinem Hütchen als Kopfbedeckung ... Er sagte, daß er Redakteur einer Zeitung in Leipzig sei und nannte mir auch seinen Namen, auf den ich mich jedoch leider nicht besinnen kann.« Anschließend besuchte der Herr Redakteur die »Gute Quelle« in Neu-Oelsnitz. Hier gab er vor, »etwas höheres, wie der Staatsanwalt« zu sein. Doch der höhere Staatsanwalt fand auch nicht mehr heraus als die braven Beamten. Es war ein Unfall, keine Verschwörung, wie sie sich unser Detektiv wohl gewünscht hätte. Also fuhr Karl May wieder nach Hohenstein, und damit schien die Sache abgeschlossen. Aber das bittere Ende sollte erst noch kommen.

Der Gendarm Ostwald aus Oelsnitz hatte von dem Vorfall gehört und erstattete Anzeige bei der Staatsanwaltschaft. Und er versäumte nicht, seiner Denunziation eine schwer wiegendere Bedeutung zu verleihen: »Derselbe ist Socialdemokrat durch und durch und soll gegenwärtig Schriftsteller der Socialdemokrattischen Blätter sein.« Natürlich teilte er auch mit, dass besagter May schon etliche Jahre im Zuchthaus gesessen habe. Nun begannen

◀ 32 Peter Roseggers ›Heimgarten‹, in dem die Erzählung ›Die Rose von Kahira‹ erschien wiederum die Mühlen der Justiz zu mahlen: Mehrere Behörden befassten sich mit dem Fall. Aus Chemnitz wurde die Sache zurück an das Gericht in Stollberg verwiesen. Da May jedoch seinen Wohnsitz in Dresden hatte, schickte man ein Ersuchen dorthin, den Mann zu vernehmen.

Diesmal stand mehr zur Debatte als eine kleine Hochstapelei. Das Delikt, das man verfolgte, war die Nähe zur Sozialdemokratie. Fast ein halbes Jahr ging es nun hin und her. Karl May hoffte, dass sich das Ganze von selbst erledigen würde, aber vergeblich: Am 9. Januar 1879 verurteilte ihn das Amtsgericht Stollberg zu drei Wochen Gefängnis. Er versuchte es zwar noch mit Gnadengesuchen, doch es nützte nichts. Am 3. September 1879 musste er seine Strafe im Gerichtsgefängnis Hohenstein-Ernstthal antreten. Es war die letzte Strafe, die ihn hinter Gitter brachte. Und er hatte in diesen drei Wochen Gelegenheit, seine Schreibarbeit fortzusetzen. Es war nicht mehr aufzuhalten: Der Groß-Autor pochte an die Pforten der Literatur.

# Auf dem Weg zum Erfolg

Er war nun ein freier Mann, in mehrfacher Hinsicht: Von Münchmeyer hatte er sich gelöst. Er hatte seine Strafe abgesessen, von Gerichten und Prozessen sollte er freilich dennoch künftig nicht verschont bleiben. Auch die Schatten der Münchmeyer-Zeit holten ihn später ein.

Doch in diesem Jahr 1879 hellte sich der Himmel auf. Alles schien sich zum Besten zu wenden. Die ersten eigenen Bücher lagen auf dem Tisch. Für die Stuttgarter Verlagsbuchhandlung Göltz & Rühling hatte Karl May den Roman von Gabriel Ferry, ›Der Waldläufer‹, neu bearbeitet, und als erste eigene Buchveröffentlichung erschien der Band ›Im fernen Westen‹. Die beiden Erzählungen aus dem Indianerleben, die mit dem Impressum »Verlag von Franz Neugebauer« herauskamen (der Verlag gehörte damals schon zur Verlagsbuchhandlung Göltz & Rühling), sind nur im ersten Teil Karl Mays Produkte. Als Anhang erschien ein Text des

33   Die Erstausgabe von ›Im fernen Westen‹, Stuttgart, F. Neugebauer's Verlag, 1879

Schriftstellers Friedrich Karl von Wickede, der im Gegensatz zu May tatsächlich längere Zeit in Nordamerika gelebt hatte. Aber May war eben der bessere Autor. So sollte sein ›Ferner Westen‹ nicht nur für ihn zu einem wesentlichen Teil seiner literarischen Heimat werden, sondern auch die Leser mehr interessieren als die reale Indianerwelt Wickeders. Schon 1879 hatte er ja in der Erzählung ›Unter Würgern‹ in Friedrich Pustets ›Deutschem Hausschatz‹ Old Shatterhand zum ersten Mal agieren lassen. Und 1881, ebenfalls im ›Hausschatz‹, sollten noch die Herren Kara Ben Nemsi und Hadschi Halef Omar das Licht der Welt erblicken – das literarische Quartett von Karl May war beisammen.

34 Kara Ben Nemsi (links) in einer Illustration von Claus Bergen, 1907

May lebte in Hohenstein-Ernstthal und hatte zu tun. Er versorgte etliche Postillen mit seinen Texten. Da bot ihm Kommerzienrat Pustet Ende 1879 einen festen Vertrag an. Durch seinen Redakteur Vinzenz Müller ließ er mitteilen, »daß er bereit sei, alle meine Manuskripte zu erwerben; ich solle sie keinem andern Verlage senden. Und zahlen werde er sofort. Bei längeren Manuskripten, die ich ihm nach und nach schicken solle, gehe er sehr gern auf Teilzahlungen ein; so viel Seiten, so viel Geld! Es wird wohl selten einen Schriftsteller geben, dem ein solches Anerbieten gemacht wird. Ich ging mit Freuden darauf ein. Rund zwanzig Jahre lang ist das Honorar, wenn ich das Manuskript heute zur Post sandte, genau übermorgen eingetroffen. Ich erinnere mich keines einzigen Males,

Halef war ein eigentümliches Kerlchen. Er war so klein, daß er mir kaum bis unter die Arme reichte, und dabei so hager und dünn, daß man hätte behaupten mögen, er habe ein volles Jahrzehnt zwischen den Löschpapierblättern eines Herbariums in fortwährender Pressung gelegen. Dabei verschwand sein Gesichtchen vollständig unter einem Turban, der drei volle Fuß im Durchmesser hatte, und sein einst weiß gewesener Burnus, welcher jetzt in allen möglichen Fett- und Schmutznuancen schimmerte, war jedenfalls für einen weit größeren Mann gefertigt worden, so daß er ihn, sobald er vom Pferde gestiegen war und

35  Ralf Wolter in der Filmrolle des Hadschi Halef Omar

nun gehen wollte, empornehmen mußte wie das Reitkleid einer Dame. Aber trotz dieser äußeren Unansehnlichkeiten mußte man allen Respekt vor ihm haben. Er besaß einen ungemeinen Scharfsinn, viel Mut und Gewandtheit und eine Ausdauer, welche ihn die größten Beschwerden überwinden ließ.

*Karl May, ›Durch die Wüste‹ (1892)*

daß es später gekommen wäre. Und niemals hat es in Beziehung auf das Honorar auch nur die geringste Differenz zwischen uns gegeben«, schreibt May im Rückblick. Das Honorar war lächerlich gering, selbst als Pustet es verdoppelte. Das merkte May aber erst Jahre später, als ihm Josef Kürschner das Angebot machte, für seine Revue ›Vom Fels zum Meer‹ zu schreiben: Er bot für jeden Druckbogen bis zu tausend Mark.

Aber erst einmal musste Karl May eben als freier Schriftsteller wie ein Tagelöhner sein tägliches Pensum ableisten. Und wie üblich saß ihm der alte Renommierteufel im Genick, wiederum berichtete er ein bisschen an der Wahrheit vorbei: »Auch arbeitete ich mit gutem, je mit sehr gutem Erfolg. Ich wurde bekannt und bezog anständige Honorare. Ich hatte mit meinen Reiseerzählungen begonnen, die sofort in Paris und Tours auch in französischer Sprache erschienen.« Hans Wollschläger hat einmal nachgerechnet, dass der »gut verdienende« Autor, der von Pustet pro Seite eine Mark bekam, zwischen Ja-

36  Umschlag von Friedrich Pustets ›Deutschem Hausschatz‹, 1909

nuar 1881 und Juni 1882 nur 1840 Mark verdiente. So also sah die Wirklichkeit des »sehr guten Erfolgs« aus.

May aber brauchte Geld. Er hatte ja mittlerweile Emma Pollmer geheiratet. Der alte Pollmer-Großvater war am 26. Mai 1880 gestorben, kurze Zeit später, am 17. August, fand die standesamtliche Trauung statt, am 12. September dann die kirchliche Zeremonie in der Hohensteiner Kirche. »Wir mieteten uns eine Etage des oberen Marktes und hätten da unendlich glücklich leben können, wenn uns ein solches Glück beschieden wäre«, heißt es in der Autobiografie. Aber was ist Glück? Karl May hatte eine anspruchsvolle Frau, die durchaus nicht das brave Weibchen an der Seite des emsigen, aber armen Poeten spielen wollte. Und das Glück, das sich schließlich als Tragik erweisen sollte, kam, als man im Spätsommer 1882 eine kleine Reise nach Dresden unternahm. Emma war es zu langweilig in dem Provinznest Hohenstein, immer wieder wurde dies sichtbar, ihr Sinn stand nach großer Welt. So fand ihr zuliebe die achttägige Erholungsreise statt. Alte Zeiten, bekannte Orte wurden besichtigt. Und tatsächlich, man begegnete auch alten Bekannten.

Eines Abends ging man ins »Rengersche Gartenrestaurant« am Plauenschen Platz, die alte Stammkneipe von Münchmeyer. Ob dies nun ein zufälliges Zusammentreffen war oder ob Emma nicht doch mit der Hoffnung auf eine solche Begegnung ihren Karl in genau dieses Gasthaus gezogen hatte, die Wahrheit liegt wohl in der Mitte. »Als wir dies Restaurant betraten, sah ich Münchmeyer als einzigen Gast im Garten an einem Tische sitzen, den Kopf auf die Arme gestützt, mit dem Rücken nach dem

In **Friedrich Pustets** (1831–1902) Wochenzeitschrift ›Deutscher Hausschatz‹ erschien ein Großteil der Reiseerzählungen von Karl May. Der Verlag existiert immer noch, hat sich inzwischen aber auf katholisch-theologische und liturgische Literatur spezialisiert.

Eingange. Er saß da wie ein Mensch, der mit schweren Sorgen zu kämpfen hatte. Ich machte meine Frau auf ihn aufmerksam, ging von rückwärts an ihn heran, hielt ihm beide Hände vor die Augen und ließ ihn raten, wer ich sei. Münchmeyer erkannte mich sofort an meiner Stimme. Er war sehr erfreut, mich wiederzusehen und meine Frau kennenzulernen; er begrüßte mich mit den Worten: ›Sie schickt mir der liebe Gott‹.«

So sollte er die Szene später vor dem Königlichen Landgericht Dresden wiedergeben. Und dass es zu einem solchen Gerichtstermin kam, lag eben an dieser Begegnung. Ja, Karl May war wohl nicht der Abgesandte des lieben Gottes, aber Münchmeyer brauchte schon einen barmherzigen Ritter, denn er war so gut wie am Ende. Seine Zeitschriften waren eingegangen, seine Heftreihen verkauften sich schlecht, und nun kam der Himmelsbote Karl May. Münchmeyer hatte die Situation sofort erkannt und raffiniert ausgenutzt. Also, Komplimente über Komplimente für den erfolgreichen Autor Karl May, noch mehr Komplimente für die schöne Dichtersgattin, nebenbei ein paar Schuldzuweisungen an den Mann, der ihn so treulos verlassen und damit in diese schlimme Lage gebracht hatte. Aber sofort wieder ein Kompliment für Emma, die sicher helfen werde, dass er aus tiefster Not errettet würde. Münchmeyersche Kolportage also nicht nur auf dem Papier, sondern im wirklichen Leben. Und May war, wie immer, wenn er gelobt und gerühmt wurde, bereit, alles zu vergessen, allen Verstand aufzugeben. Er tappte eifrig in die Falle, die ihm hier gestellt wurde. Dabei fühlte er sich wohl ein wenig in der Rolle des Retters, nicht Münch-

Hierdurch geben wir uns die Ehre, Ihnen anzuzeigen, dass wir unser Verlags- und Colportage-Geschäft, welches wir hierorts schon seit längerer Zeit betreiben, nunmehr auch dem Gesammt-Buchhandel eröffnen und mit demselben in Verbindung treten. Indem wir Sie freundlich ersuchen, von unserer Firma: Verlags- und Colportage-Geschäft von Gebrüder Münchmeyer gefällige Notiz zu nehmen, bitten wir Sie angelegentlich, Ihre Aufmerksamkeit unserem umstehend verzeichneten Verlag zuzuwenden,

meyer rettete Karl May, wie einst, sondern diesmal war es umgekehrt: May würde der generöse Wohltäter sein. Das schmeichelte ihm ungemein. Später behauptete er zwar, dass Emmas Überredungskünste ihn wieder in Münchmeyers Reich getrieben hätten, aber das ist nur die halbe Wahrheit.

Jedenfalls erschien Münchmeyer bereits am nächsten Morgen im Hotel. Emma schlief noch, und Karl May traf mit dem Verleger eine folgenschwere mündliche Vereinbarung: »Er sagte, wir seien beide ehrliche Männer und würden einander nie betrügen. Es klinge für ihn wie eine Beleidigung, von ihm eine Unterschrift zu verlangen.« Man weiß nicht, worüber man sich mehr wundern soll, über die Unverfrorenheit Münchmeyers oder über Mays Naivität. May liebte nun einmal die Inszenierung. Hier wurde eine große Geste von ihm erwartet. Und sie würde kommen, Münchmeyer wusste es wohl. Man vereinbarte also mündlich, nicht schriftlich, dass May einen Roman schreiben sollte, in hundert Heften gedruckt und vertrieben durch Münchmeyer. May sollte pro Heft ein Honorar von 35 Mark erhalten. Das erschien ihm wohl auf den ersten Blick ganz gut, aber wenn man heute weiß, dass bei einer Auflage von 20 000 Exemplaren ein Gesamtumsatz von 200 000 Mark pro Heft gemacht wurde, betrug das Honorar des Autors gerade einmal zwei Prozent. Da sich der »ehrliche« Verleger überdies nicht daran hielt, dass nach der festgesetzten Auflage die Rechte wieder an den Autor zurückfallen sollten, sondern fleißig weiterdruckte – von einer »feinen Gratifikation«, die versprochen und nie eingelöst wurde, gar nicht zu reden –, kann

uns Ihrerseits durch Notification, resp. Sammelhefte, Prospecte etc. von neuerscheinenden Lieferwerken in Kenntniss zu setzen und versichert zu sein, dass wir nach Möglichkeit für Verbreitung Ihres Verlags bemüht sein werden. (...)
Hochachtungsvoll und ergebenst
Gebrüder Münchmeyer

*Inserat des Verlages H. G. Münchmeyer im ›Börsenblatt für den deutschen Buchhandel‹ (22.1.1868)*

man sagen, dass Münchmeyer tatsächlich einen Götterbo-
ten gefunden hatte: Mit einem Umsatz von mehr als fünf
Millionen Mark brachte er dem Verleger ein Vermögen,
May bekam als Honorar ganze 3500 Mark.

Es begann also das Kapi-
tel »Kolportageschreiber für
Münchmeyer«, ein düste-
res Kapitel, wie man sehen
wird. Und Emma hatte bei
dem Unternehmen eine
gehörige Aktie. Man muss
ein bisschen zurückgehen,
um das Bild der Ehefrau
etwas genauer zu beleuch-
ten. May hatte ja für Göltz &
Rühling zwei längere Fortsetzungsromane geschrie-
ben, ›Scepter und Hammer‹
und ›Die Juweleninsel‹, und da musste natürlich die Erfahrung der eigenen Eheschließung ihren Niederschlag
finden. Wir haben es hier unter anderem mit dem Schriftsteller Karl Goldschmidt zu tun – man delektiere sich an
dieser Namenssymbolik, der eigene Vorname und dann
Goldschmidt –, wie immer war aber mehr die Hoffnung
der Ursprung solcher Goldschmiederei als die Realität.

Dieser Meisterautor erzählt nun von seiner schönen
Emma. Und nun können wir uns, in ansonsten romanti-
scher Umgebung, ein realistischeres Bild dieser Frau machen: »Sie hat mich lieb, aber sie will ihre Vorzüge nicht
nur mir allein widmen, sie bedarf auch der Anerkennung

37  Emma Pollmer. Fotografie

Anderer, welche sie mit suchendem Auge einkassiert.«
Ach ja, sie kassierte eben nicht nur Blicke, sondern be-
nötigte auch Geld für ihre Garderobe, und vor allem
musste sie Gesellschaft haben. Solche Gesellschaft kolli-
dierte natürlich mit der notwendigen Ruhe, die ein viel
geplagter Autor brauchte, der sich nunmehr ein weiteres
Bündel aufgeladen hatte.

38  ›Das Waldröschen oder Die
Verfolgung rund um die Erde‹.
Umschlagblatt

Man kehrte also von der Erholungsfahrt mit einer gehörigen Portion Versprechungen und Hoffnungen zurück ins heimische Städtchen. Immerhin waren da ja auch 500 Mark Vorschuss, und das förderte die Schreiblust. Karl May setzte sich an den Schreibtisch, und ab November 1882 erschienen wöchentlich ein bis zwei Hefte des Monumentalunternehmens ›Das Waldröschen oder Die Verfolgung rund um die Erde. Großer Enthüllungsroman über die Geschehnisse der menschlichen Gesellschaft von Capitän Roman Diaz de la Escosura‹. Darunter machte es Karl May nicht: ein Enthüllungsroman über die Geheimnisse der menschlichen Gesellschaft. Ob er bei solcher Charakterisierung nicht selbst ein wenig lächeln musste? Der Capitän war ein Pseudonym, das sich May zugelegt hatte. Denn ein wenig schämte er sich doch der flotten Schmiererei, die er da unternahm. Aber nur ein wenig, denn er hatte sogleich auch ein Argument zur eigenen Beruhigung zur Hand: Der Schundliteratur könne man nur begegnen, so erklärte er, wenn man sie aus den »Niederungen hinausschreibe«. Und schließlich: »Ich konnte das, was ich für Münchmeyer schrieb, ganz ebenso später für mich in Bänden er-

39    »›Versuch mich nicht‹,
bat er«. Farbige Illustration
aus dem ›Waldröschen‹. 1868

scheinen lassen, wie das für meine Hausschatzerzählungen bestimmt worden war.« Er hatte das Lebenswerk also im Blick, so sah er das oder wollte es im Nachhinein jedenfalls so gesehen haben. Wahrscheinlich waren es aber banalere Gründe, die ihn dazu veranlassten, ein Pseudonym zu wählen: Zum einen schien ihm der Name zum Stoff zu passen und war außerdem werbewirksam, andererseits sollte wohl auch der Verleger Pustet nicht unbedingt wissen, dass Karl May in eine andere Schreibverpflichtung eingetreten war. Und wie gesagt: Emma brauchte Geld.

Aber auch wenn man das alles weiß: Die Klaue des Löwen, die Fähigkeit des geschickten Erzählers, des glänzenden Konstrukteurs macht sich selbst in diesem und in den folgenden Kolportagewerken bemerkbar. May hatte ein Gespür für die Bedürfnisse eines großen Leserpublikums, und er war ein geborener Erzähler, der mit nachtwandlerischer Sicherheit in die Klaviatur der Kolportageelemente griff. Da war eine Handlung, die den ganzen Erdball als Spielwiese möglich machte, da hatte er ein Figurenensemble, mit dem sich alles Mögliche und Unmögliche einer Weltumrundung bewerkstelligen ließ, und die eigene Biografie oder besser eine Biografie, wie er sie sich gewünscht hätte, hatte ihren Platz in diesem Werk. Wer

Da bist Du grad ebenso gescheidt wie die Aerzte, oder ebenso dumm. Die Allopathen haben mich hingerichtet; die Hydropathen haben gar den Zapfen hinausgestoßen, und die Homöopathie bringt mich nun gar noch um den Verstand. Da soll ich gegen den acuten Rheumatismus nehmen Aconit, Arnica, Belladonna, Loryonia, Chinin, Chamomilla, Mercur, Nux Vomica, Pulsatilla, gegen den chronischen Arsenic, Sulphur, Rhododendron, Phytolaca und Stillingia, gegen den herumziehenden Arnica, Pulsatilla, Belladonna, Moschus, Sabina, Sulphur, Kalmia und Kapsica. Nun sage mir ein Mensch, was für ein Kräuter-, Pulver-, und Pillensack aus mir würde, wenn ich das Zeug alles verschlingen soll. Hol's der Teufel. Wenn nur wieder einmal eine so famos gute Nachricht käme wie damals von unserem Sternau. Ich bin vor Freude aufgesprungen und war plötzlich so gesund wie ein Fisch im Wasser. *Karl May, ›Waldröschen‹ (Lieferung 109; 1884)*

heute das Reprint des Textes liest – die Heftausgaben sind mittlerweile sehr selten geworden –, wird es als Ganzes nur schwer bewältigen können. Aber es gibt immer wieder Episoden, Dialoge, Figuren und Ereignisse, die die Kolportage tatsächlich aus den schlimmsten Niederungen herausheben.

Und dann ist da der Doktor Karl Sternau, wiederum eine sehr hübsche Namensgebung mit dem eigenen Vornamen. Doktor wäre er, wie schon gesagt, gern gewesen. Und Sternau, das war wohl ein Griff nach den Sternen, also ein Übermensch, dieser Held. So wird er auch mit entsprechenden Attributen ausgestattet, Primus der besten Universitäten, Superarzt und Tugendbold. Als Weltreisendem mangelt es ihm nicht an Abenteuern. Als er mit einer spanischen Dame namens Rosa de Rodriganda zusammentrifft und mit ihr gemeinsam auf das Familienschloss reist, um den schwer kranken Vater medizinisch zu versorgen, da kommen plötzlich ein paar ausgemachte Bösewichte des Weges, die es auf den Besitz der Rodrigandas in Spanien wie in Übersee abgesehen haben. Und es geschieht, was geschehen muss: Doktor Sternau heiratet die schöne Rosa und bricht dann auf, um die Bösewichte über den ganzen Erdball hinweg zu verfolgen. Karl May weiß, was seine Leser wollen: Spannung, Abenteuer, große Gefühle, Gut und Böse, das sollte auch später sein Programm bleiben. Hier nun schickt er seinen Doktor Sternau nach Mexiko. Dort wird er aber von Feinden gefangen und muss für etliche Jahre auf einer einsamen Insel Robinson spielen. Die Zeit vergeht, wie es so schön heißt, immerhin sind es 18 Jahre, die Sternau als

Wenn man doch endlich einmal einsehen wollte, daß die Schundschriftsteller und Schundverleger nur darum so riesige Erfolge erzielen, wei sie sich nicht an den Kopf, sondern an das Herz (…) wenden! Das Volk, besonders aber die Jugend, hungert nach Idealen. Die auf die Seite Geschobenen, die Kinder der Armut, die Söhne und Töchter der Arbeit und Sorge (…) wollen wenigstens lesen, daß das Glück, nach dem sie sich vergeblich sehnen, wirklich vorhanden ist. Das Leben bietet ihnen nur Arbeit, Mühe

Insulaner verbringt, und mittlerweile hat sich seine Tochter auf den Weg gemacht, den Vater zu suchen. Waldröschen heißt das hübsche Kind, und gemeinsam mit einem Freund wird der Vater auf dem ganzen Erdball gesucht. Weltgeschichte und beinahe aktuelle Politik werden nun auch noch verarbeitet. Der Indianerpräsident Benito Juarez taucht in der Handlung auf, und die May-Leser, die mit den grünen Bänden der Radebeuler oder Bamberger Ausgabe aufgewachsen sind, wissen längst, wie dies alles im »Lebenswerk« verarbeitet wurde: Schloss Rodriganda, Benito Juarez und so weiter und so fort.

›Waldröschen‹ wurde, wie gesagt, ein großer verlegerischer Erfolg. Münchmeyer brauchte keinen rettenden Engel mehr, er hatte ihn nun gefunden. Er verdiente ungeheure Summen. Und er hielt sich natürlich nicht an die mündliche Vereinbarung mit seinem Autor. Um den Absatz noch weiter anzukurbeln, ließ der gute Münchmeyer durchsickern, dass es sich bei dem Autor des ›Waldröschens‹ um Karl May handele. Denn einen Namen hatte May mittlerweile. Allerdings wenig Geld, denn das kassierte der Verleger. Nicht nur die Not, auch der Erfolg macht erfinderisch: Münchmeyer ließ Bilder herstellen, die einige hübsche Szenen des Romangeschehens abbildeten und so recht geeignet waren, das traute deutsche Heim zu schmücken. Da saß man also gemütlich auf dem Kanapee, und über den Köpfen siegte Doktor Sternau über seine Feinde. Münchmeyer empfahl seine Bildproduktion mit dem Hinweis auf die Qualität der Rahmen: Sie »können leicht von jedem, insbesondere von dem Fliegenschmutz gereinigt werden, und zwar durch kaltes

und Plage, weiter nichts. Die höheren Güter, die sie früher besaßen, die hat man ihnen genommen. Der Glaube ist weg. Das Gottvertrauen verschwand. (...) Es gibt überhaupt kein Glück, weder oben im Himmel noch unten auf Erden! Oder dennoch? Wäre es möglich? Die Seele hält noch einen Rest von Hoffnung fest. Da kommt der Kolporteur. Er sagt: »Ja, es gibt noch ein Glück, noch viel Glück. Ich bringe es Dir. Hier, lies!«
*Karl May unter dem Decknamen Franz Langer*

Wasser, vermittelst Pinsel oder weicher Bürste, ohne daß
der Goldrahmen dadurch leidet, indem das Metall dauer-
haft lackiert ist.« Karl May wusste von solchen Reini-
gungsempfehlungen ebenso wenig wie von der Offenle-
gung seines Pseudonyms.

Er saß in seinem Arbeitszimmer am Hohensteiner Markt
und schrieb. Und ganz nebenbei spielte sich hier noch
einmal das Märchen von Mann und Frau im Essigkrug ab:
Den Mays ging es nicht schlecht, Emma konnte sich man-
chen Putz leisten, aber der feinen Dame, die sie gerne gewesen wäre, war die simple Kleinstadt Hohenstein-Ernstthal nicht gut genug. Sie wollte nach Dresden, sie brauchte
Vergnügungen, Gespräche, Ablenkungen. Und May entsprach ihren Wünschen. Im April 1883 siedelte man nach
Dresden-Blasewitz über, in die Sommerstraße 7. In den
nächsten Jahren sollte man noch des Öfteren umziehen. Ob
Karl May diese Umzüge initiierte, weil er Ruhe suchte,
oder Emma, weil ihr die Quartiere nicht fein genug waren, jedenfalls dauerte es noch eine ganze Weile, bevor
die beiden endlich in die eigene Villa einziehen konnten.

In Dresden fand Emma das, was sie sich wünschte, Be-
wunderung und Bewunderer. Sie suchte sich sogar per
Zeitungsanzeige »Gesellschafterinnen«. Da stellte sich
auch Herr Münchmeyer gerne zur Verfügung. Er flirtete
mit der Dame des Hauses, während nebenan das Arbeits-
pferdchen Karl schuftete. Höchst anständig sei diese
Charmeurerei gewesen, schreibt May bei Gelegenheit.

Die Liebe des Ulanen – an Gespräche in Waldheim erinnert er
sich, damals spann er eine Fabel aus: Deutsche Reiter sprengten
ins französische Hinterland, ein Hauslehrer als Spion, in Wahrheit ist er französischer Offizier. Er erinnert sich, wie er mit dem
›Waldröschen‹ begonnen hat – weitgefächerte Personage, Hand-
lungsstränge verwoben, dadurch ergaben sich Reibungen. Er
schlägt den Atlas auf, Elsaß, Lothringen, die Festung Metz als
zentraler Punkt beiderseitiger strategischer Überlegungen. Dieses Suchen, Planen, Nachforschen läuft flinker als in Ernstthal,
von seiner ersten Dresdner Zeit ganz zu schweigen, selbst wenn
er weit von seinem Traum, einer stetig vollkommener werden-
den Kartei, entfernt ist. Im Grunde braucht er nicht allzu viele

In die Wohnung zog Leben ein: Jubel, Trubel, Heiter-
keit. Und da sollte nun der arme Poet sein Pensum schaffen. Denn es ging weiter. Nach ›Waldröschen‹ folgte er
Münchmeyers Wunsch und begann Opus zwei in der
Kolportagereihe. »Ich ahnte nicht, daß meine Entschei-
dung über diesen Wunsch eine für mich hochwichtige
sei, und daß sie mir, falls sie bejahend ausfallen sollte, eine Quelle unsagbaren Elendes und unaussprechlicher
Qual werden könne. Ich betrachtete nur die angeblichen
Vorteile, sah aber nicht die Gefahr.« Die Vorteile? Immerhin sollte er nun 50 Mark pro Heft bekommen, und nach
dem zwanzigtausendsten Abonnenten sollten ihm die
Rechte wieder zufallen. Aber solche Versprechungen waren ja nichts Neues. Nun ging es also weiter, zunächst
mit ›Die Liebe des Ulanen. Originalroman aus der Zeit
des Deutsch-Französischen Krieges‹ (1883/85) in 108 Lieferungen. Das Buch erschien jetzt unter dem Gütesiegel
Karl May in Münchmeyers Blatt ›Deutscher Wanderer‹,
und noch während die ›Liebe des Ulanen‹ gedruckt wurde, ging es schon an Nummer drei der Großserie: ›Der
verlorene Sohn oder Der Fürst des Elends‹, diesmal als
Autorangabe »Vom Verfasser des Waldröschens«. Diesmal in 101 Lieferungen (1884/86), dann ›Deutsche Herzen, deutsche Helden‹, 109 Lieferungen (1885/87) und
schließlich ›Der Weg zum Glück. Roman aus der Zeit
Ludwig des Zweiten‹, nochmals 109 Lieferungen (1886/
87). Man muss sich das vorstellen: In fünf Jahren schrieb

Nachschlagewerke, einen soliden Atlas natürlich; ein achtbändi-
ges Lexikon birgt, wenn er es mit Phantasie nutzen kann, kaum
auszuschöpfende Schätze. Aus einer Leihbibliothek trägt er
Bücher über Pferde, Pflanzen, Waffen und Trachten nach Hause;
was ihm für seine Zwecke nützlich erscheint, verwendet er und
müht sich, es sich einzuprägen. Etliches vergißt er nach Tagen,
anderes bleibt – manchmal wundert er sich, daß er Zahlen, die er
für seine ›Geographischen Predigten‹ verwendete, noch immer
weiß. Debatten aus Waldheim: Das Perkussionsgewehr, Amor-
coirs, das erste automatische Zündhütchenmagazin auf der
Weltausstellung von 1855; es gibt wohl Dinge, die haften bis ins
Alter.        *Erich Loest, ›Swallow, mein wackerer Mustang‹ (1980)*

Karl May gut 12 000 Heftseiten, das bedeutet ein Tages-
pensum von etwa zehn Seiten.

Und einige andere Produktionen für Kommerzienrat
Pustet in Regensburg und Verleger Spemann in Stuttgart
wollten ja auch noch erledigt werden. Und erst die Um-
stände, unter denen diese Seiten geschrieben werden
mussten. Emma nahm ja überhaupt keine Rücksicht auf
den hart arbeitenden Gatten. Das Haus war immer voller
Gäste.

Wie schon gesagt, man zog mehrfach um, aber da Emma mitkam, ergab sich freilich keine andere Arbeits-
situation. Karl Mays Problem hieß also Emma. Und später sollte er das auch erkennen, später, wie so oft. Sie war
ja angeblich nicht so recht gesund, und da riet ihr der
Arzt, doch des Morgens im Großen Garten spazieren zu
gehen. Und wie es der Zufall so will, auch Frau Münchmeyer brauchte aus gesundheitlichen Gründen solche
Morgenspaziergänge. Man traf sich, man fand sich, man
schwätzte. »Die beiden Damen saßen tagtäglich früh
morgens in einer Konditorei des Großen Gartens und
trieben eine Hausfrauen- und Geschäftspolitik, deren
Wirkungen ich erst später verspürte.«

Was aber war mit seinen Arbeitsbeziehungen zu Kommerzienrat Pustet? Wie gesagt, gelegentlich ein Häpp-
chen. Aber der beruhigte seine Leser, die nach neuen Geschichten von Karl May verlangten, mit dem Hinweis,
dass sich der Autor auf Reisen befinde.

Auf der Alm, so klang es hell und getragen von der Höhe in das
Tal hinab, gesungen von zwei Menschenkindern, welche, obgleich verschieden nach Alter und Geschlecht, diesen dritten
Vers des bekannten und beliebten Liedes aus voller Brust ertö-
nen liessen. Ihre Gesichter glänzten förmlich vor Vergnügen und
aus ihren blitzenden Augen leuchtete die herzliche Freude über
das Echo, welches ihr Jodler an den gegenüberliegenden Fels-
wänden wachrief. Einer, der sie jetzt hätte beobachten können,
wäre ganz gewiß zu der Überzeugung gekommen: Das sind
zwei gute Menschenkinder! Der Refrain ihres Liedes steht ihnen
auf der Stirn geschrieben: Ja auf der Alm, da gibt's ka Sünd.

*Karl May, ›Der Weg zum Glück‹ (1886)*

Diese freiwillige Auskunft würde der gute May später zu schätzen wissen. Und May, das ist das Bewundernswerte an dieser Gestalt, versank nach vielen tausend Seiten nicht in den Sumpf der Kolportage, sondern wie weiland Münchhausen zog er sich selbst am Schopf aus den schlammigen Niederungen. Es sollte Schluss sein mit diesen banalen Verzögerungsgeschichten, mit dieser Zeilenschinderei, den langweiligen Eskapaden und Tränenfluten, die er über seine Leser niedergehen ließ, die Leserinnen vor allem, die ihm auch zu den deutschen Herzen und zu Ludwig dem Zweiten gerne folgten. Aber May hatte keine Lust mehr. Es drängte ihn zu Höherem. Und er konnte ja auch anderes, er hatte es schon bewiesen. Schluss also mit der Lohnschreiberei für Münchmeyer.

Da kam ihm der schon benannte Brief des Herausgebers des ›Deutschen Literaturkalenders‹, Josef Kürschner (1853–1902), gerade recht, der von ihm einen »recht

packenden, fesselnden und situationsreichen Roman« erbat. Wäre es dazu gekommen, May hätte sich in keiner schlechten Gesellschaft befunden, denn für ›Geweb und Fels‹, die hier gerade von dem Stuttgarter Verleger Spemann begründet wurde, schrieben auch Fontane, Raabe und Storm. Aber die Idee, die May im Kopf herumspukte,

---

40 **Josef Kürschner** (1853–1902). Kürschner war während seiner Studienzeit Mitarbeiter der populären Zeitschrift ›Gartenlaube‹. Ab 1880 arbeitete er beim Stuttgarter Verlag Spemann, dessen Leiter er später wurde. Im Jahr 1885 begründete er den Deutschen Schriftsteller-Verband

und nahm schließlich in den 1890er-Jahren eine Professur für Theater- und Literaturgeschichte in Eisenach an. Kürschner gab zahlreiche Lexika und Handbücher heraus.

und die er bei dieser Gelegenheit verwirklichen wollte, war wohl mehr für ein anderes Blatt des Verlegers geeignet, einer ›Illustrierten Knaben-Zeitung‹. Da würde er auf eine Leserschicht treffen, die ihm dann über die Zeiten hinweg treu bleiben sollte. So erschien also in Spemanns Illustrierter Knaben-Zeitung ›Der Gute Kamerad‹ in Nr. 1 im Januar 1887 gleich von der Titelseite an eine Geschichte, die mit diesen Sätzen begann: »Nicht viel west-

wärts von der Gegend, in welcher die Ecken der drei nordamerikanischen Staaten Dakota, Nebraska und Wyoming
zusammenstoßen, ritten zwei Männer, deren Erscheinen
an einem anderen als diesen westlichen Orte ganz sicher
ein sehr berechtigtes Aufsehen erregt hätte.« Die Geschichte hieß: ›Der Sohn des Bärenjägers‹. Nach einem
mehrjährigen Ritt über Münchmeyers Kolportage-Land-
schaften war Karl May nun wieder dort, wo er schon einmal erste Fährten gesetzt hatte: im Wilden Westen. Und
dort sollte er noch eine ganze Weile bleiben.

Was hier gedruckt wurde, war trotz der Aufnahme von
Motiven und Elementen aus früheren Texten ein neuer
Karl May. Da ist ein frischer Ton, da sind Handlungselemente, die weit entfernt von den Kolportagegerüsten liegen.

Die Geschichte, die mit den Portraits von zwei West-
männern namens Jemmy und Davy beginnt, zeigt auch in
diesen Figuren etwas, was bei diesem Autor immer ein
wenig unterbewertet wurde: Humor. Witzige Dialoge,
originelle Figurenbeschreibungen und komische Situationen lassen die Folgerung zu, »daß man von einer humo-
ristischen Disposition des Autors sprechen kann«.

Karl May zeigt sich hier schon als einer »der wenigen
erfolgreichen Humoristen in deutscher Sprache im 19. Jahrhundert«. Freilich, auch der unfreiwillige Humor hat seine
Niederlassungen bei Karl May. Aber hier bei dem dicken
Jemmy und dem langen Davy geht es erst einmal mit einer humorvollen Grundsituation los: Der eine ist ein Viel-
redner, der andere bleibt wortkarg. Und dann bekommen
wir all die Westmännerzutaten geliefert, die May so un-

◀ 41   Buchumschlag von
›Der Sohn des Bärenjägers‹
(1890)

nachahmlich gut verteilen konnte, Fährtensuche und Ritte über die Prärie, die ausweisen, dass da wohl einige Leute im Busche sind, die einen Indianer gefangen haben.

Und ein freundliches Plädoyer für Sachsen, seine Landschaften und seinen Dialekt gibt es auch (wie übrigens noch oft in seinen Büchern): »Sachsen ist das Herz von Deutschland. Dresden ist klassisch; die Elbe ist klassisch; Leipzig ist klassisch; die Sächsische Schweiz ist klassisch und der Sonnenstein ooch. Das schönste und reinste Deutsch hört man auf der Strecke zwischen Pirna und Meißen …« Und so geht es noch eine ganze Weile weiter.

Es dauert auch nicht lange, da wird von einem großen Bleichgesicht geredet, das die Sioux Non-pay-klama, »die Hand, die zerschmettert«, nennen, Vorbereitung also des

42 Wildwestkulisse vor der Haustür: die sächsische Schweiz

▶ 43 Winnetou (Pierre Brice) und der im Film stets korrekt frisierte Old Shatterhand (Lex Barker) schließen Blutsbrüderschaft. Filmplakat (Ausschnitt) von ›Winnetou I‹ (1963)

Auftritts von Old Shatterhand. Da kommt er denn auch:
»Er war von nicht sehr hoher und nicht sehr breiter Gestalt. Ein dunkelblonder Vollbart umrahmte sein sonnen-
verbranntes Gesicht. Er trug ausgefranste Leggins und
ein ebenso an den Nähten ausgefranstes Jagdhemd, lange
Stiefel, die er bis über die Knie emporgezogen hatte und
einen breitkrempigen Filzhut, in dessen Schnur rundum
die Ohrenspitzen des grauen Bären steckten … In der
Rechten hielt er ein kurzläufiges Gewehr, dessen Schloß
von ganz eigenartiger Konstruktion zu sein schien, und
in der Linken eine brennende Zigarre.« Gentleman und
Abenteurer. Bald wird auch der »Bärentöter« vorgeführt
werden, neben dem Henrystutzen das zweite Gewehr
Old Shatterhands, und die »Silberbüchse« ist in diesem
Waffenarsenal Nummer drei. Es ist das Gewehr Winne-

44   Karl May
als Redakteur.
Fotografie um
1890

tous, wie heute alle seine Leser wissen. Da sind auch schon die äußeren Attribute dieser Männerfreunde vorgeführt. Wir werden über die Nähe oder Ferne zur eigenen Biografie Mays gelegentlich noch einige Worte verlieren müssen. Zunächst sollte Karl May eine weitere Geschichte für den ›Guten Kameraden‹ schreiben, eine Fortsetzung des ›Bärenjägers‹: ›Der Geist des Llano Estacato‹. Was im ›Bärenjäger‹ funktionierte, dieses Modell

**Gefährliches Gelände**
Von hier aus ist es nur in einer einzigen Richtung möglich, die gefährlichen Plains zu überqueren. Diese Strecke ist ebenso gefährlich wie zum Beispiel die Sahara oder die Wüste Gobi. Es gibt im Llano Estacato keinen Brunnen, keine Oasen und auch keine Kamele, die viele Tage zu dürsten vermögen. Das macht diese Strecke so fürchterlich, obgleich sie kleiner ist als die große afrikanische oder die asiatische Wüste. Es gibt keinen gebahnten

wurde auch in der neuen Geschichte mit Erfolg genutzt: Zwei Männer reiten über die Prärie. Diesmal ist es ein Weißer und ein Schwarzer, und die Prärie ist auch keine richtige Prärie, denn wir befinden uns in mexikanischen Gefilden. Aber ein Sachse ist immer dabei: Hobble-Frank schwärmt im heimischen Dialekt wiederum von Sachsens Schönheiten. Auch hier wieder haben wir bald das bekannte Personal beisammen, und unser Old Shatterhand wird endlich in die Handlung eingreifen.

Der Erfolg ließ nicht lange auf sich warten. Es begann der tatsächliche Aufstieg Karl Mays in die Gefilde der Literatur. 1888, als ›Der Geist des Llano Estacato‹ erschien, starb in Hohenstein der Vater.

Schon seit mehreren Jahren gelähmt, hatte er wohl den Weg des Sohnes nicht mehr recht wahrnehmen können. Aber sein alter Traum von einem Weg des Sohnes in eine »höhere« gesellschaftliche Ebene sollte sich nun nach mancherlei Umwegen verwirklichen. Proboweise bezogen die Mays auch gleich eine Villa: Ab 12. Oktober 1888 wohnte man in der Villa »Idylle« in Kötzschenbroda, die man aber nach nur knapp zwei Jahren wieder verlassen musste. Die Mietkosten waren zu hoch. Es brauchte noch einige Zeit, ehe die Honorare wirklich einen solchen Aufstieg möglich machten. Karl May bekam jetzt auch von dem Verleger Spemann den gewünschten Vertrag, die Erfahrungen mit dem »Ehrenwort« Münchmeyers waren ihm noch in Erinnerung. Nun konnte er Spemann alles anbieten, er erhielt Voraushonorare für akzeptierte Werke. Dennoch werden es keine Millionen gewesen sein, die einige Autoren bei May vermutet haben. Und dass das

---

Weg. Deshalb hat man die Richtung, in der allein der Ritt möglich ist, mit Pfählen abgesteckt, wovon die Wüste ihren Namen erhalten hat. Wer über diese Pfähle hinausgerät, der ist verloren. Hitze und Durst verzehren ihm das Hirn; er kann nicht mehr denken und reitet so lange im Kreis herum, bis sein Pferd unter ihm zusammenbricht, und das ist dann auch sein Ende …

*Karl May, ›Der Geist des Llano Estacato‹ (1888)*

Geld, das er verdiente, bald seinen Weg in die Konsumtion nahm, dafür sorgte Emma.

Zwischen den beiden Eheleuten wuchs die Entfremdung. Es ist ein besonderes Kapitel der Biografie, dafür die Schuldfrage zu klären. Dort, wo er einst starkes Interesse für sein literarisches Schaffen vermutete, heißt es nun: »Es ekelte ihr vor geistiger Arbeit.« Was einst Liebe schien, verwandelte sich in Hass. May zog sich mehr und mehr in seine Arbeit zurück. Freilich, dieser Rückzug auf Raten wurde mit der nötigen literarischen Begleitmusik unternommen. Auch darüber wird noch zu reden sein.

Die erfolgreichen Geschichten aus dem ›Guten Kameraden‹ wurden nun auch als Buch publiziert. 1890 erschienen sie bei der Union Deutsche Verlagsgesellschaft unter dem Titel ›Die Helden des Westens‹. Die Geschichte der May-Verleger füllt dicke Bände, sie ist zu einem guten Teil eine Geschichte der Schlampereien, Betrügereien, Fälschungen und Geschäftemachereien. Andererseits belieferte May die verschiedensten Verlagshäuser mit seinen Arbeiten. So erschienen etwa in dem genannten Zeitraum mehrere

45  Friedrich Ernst Fehsenfeld (1853–1933).

Bücher in der Verlagsbuchhandlung Joseph Bachem in
Köln, und die Verlagsanstalt Benziger in der Schweiz publizierte Geschichten in ihrem ›Marien-Kalender‹. Auch
der Heiligenstädter ›Marien-Kalender‹ von Verleger Franz
Cordier partizipierte an den May-Texten. Spemann und
die Stuttgarter Firma Schönlein samt der Gebrüder Krö-
ner fusionierten am 1. Januar 1890 zu dem Zweckbündnis
Union Deutsche Verlagsgesellschaft, und wie gesagt, in
der ›Kamerad-Bibliothek‹ erschienen die Western-Texte.
Weil der Jugendschriftsteller May so schnell beliebt wurde, gingen auch der Verleger Liebau und nachfolgend A.
Weichert aus Berlin unter die May-Verleger mit den Jugendbüchern ›Der Karawanenwürger‹ und ›Aus fernen
Zonen‹. Später wird Karl May die Etikettierung »Jugendschriftsteller« strikt von sich weisen. Zunächst aber hatte
er wieder ein Argument zur Hand, das diese Jugend-
schriftstellerei durchaus positiv bewertet: »Die Aufgabe
des Jugendschriftstellers besteht nicht darin, Gestalten zu
schaffen, die in jeder Lage so überaus köstlich einwandfrei handeln, daß man ihrer unbedingt überdrüssig wird,
sondern seine größte Kunst besteht darin, daß er von seinen Figuren getrost die Fehler und Dummheiten machen
läßt, vor denen er die jugendlichen Leser bewahren will.«

Die Verlags- und Verlegergeschichte wird uns noch des
öfteren beschäftigen. Aber mitzuteilen ist aus diesem Le-
bensabschnitt noch das entscheidende Faktum der nächsten Jahrzehnte für Karl Mays Verlegerbeziehungen, die
Zusammenarbeit mit Friedrich Ernst Fehsenfeld (1853–
1933). Fehsenfeld hat mehrfach darüber berichtet, und als
er das erste Mal nach Dresden kam, heißt es: »Ich reise

Der in Göttingen geborene **Friedrich Ernst Fehsenfeld** nahm
eine Buchhändlerlehre in Han-
nover auf und erwarb 1879 die
Heinemannsche Universitäts-
buchhandlung in Gießen. Sechs
Jahre später verkaufte er diese
und erwarb stattdessen eine
Buchhandlung in Freiburg i. Br.,
wo er 1890 eine eigene Verlagsbuchhandlung eröffnete. Seine
gute Nase bewies der begeis-
terte Jäger auch mit anderen
Titeln: Er ließ u. a. Rudyard
Kiplings ›Dschungelbuch‹, Jack
Londons ›Wolfsblut‹ und ›Die
Schatzinsel‹ von Stevenson
übersetzen.

nach Dresden. Meine Ankunft hatte ich angezeigt. Am kleinen Bahnhof Weintraube stieg ich aus, und da kam denn auch alsbald ein Herr im grauen Radmantel auf mich zu, legte beide Arme auf meine Schultern und rief aus: ›So muß mein Verleger aussehen‹.« Und als er dann zurück nach Freiburg fuhr, hatte er den Vertrag in der Tasche. May schickte einen Brief hinterher, der das zukünftige Glück bedichtete:

> »Im lieben Lößnitzgrund
> Da saßen zwei selbander,
> Die schlossen einen Freundschaftsbund,
> Gehn niemals auseinander.
> Der eine schickt Romane ein,
> Der Andere läßt sie drucken,
> Und's Ende wird vom Liede sein:
> s' wird Beiden herrlich glucken.«

Und wirklich: Es sollte für beide glucken, das Glück pochte diesmal ganz direkt an die Tür.

# Glückskind und Weltenprediger

Am 18. Januar 1892 ließ Friedrich Ernst Fehsenfeld durch eine Anzeige im ›Börsenblatt für den Deutschen Buchhandel‹ wissen, dass bei ihm nun Karl Mays gesammelte Reiseromane in zehntägigen Lieferungen erscheinen würden. »Und es gluckte auch wirklich! Wohl hatte ich von Anfang an die Überzeugung, mit der Herausgabe von Mays Werken dem deutschen Volk ein Geschenk zu bringen, das dieses gern aufnehmen würde, aber den Erfolg, den die Bücher erzielten, hatte ich nicht erwartet.« Ein hübscher Verlegerspruch, auch wenn Fehsenfeld hier seine Wohltäterrolle ein bisschen übertrieb, er war selbst ein begeisterter Leser Karl Mays. Die Erzählung ›Im Schatten des Großherrn‹ eröffnete,

46   Karl May im Jahr 1892

in sechs Teile gestückelt, Karl Mays Reiseerzählungen. Fehsenfeld war in diesem Augenblick und noch lange

Zeit davon überzeugt, dass May all seine Reiseabenteuer tatsächlich erlebt hatte.

Doch zunächst einmal ging es los: ›Durch Wüste und Harem‹, ›Durchs wilde Kurdistan‹, ›Von Bagdad nach Stambul‹, ›In den Schluchten des Balkan‹, ›Durch das Land der Skipetaren‹ und ›Der Schut‹. Kara Ben Nemsi und Hadschi Halef Omar zogen also los, und Karl May zog mit. Er verwandelte sich in ein Glückskind, und das in mancherlei Hinsicht: Zum einen verdiente er nun wirklich Geld. Er brachte es zwar sein Leben lang nicht zum Millionär, aber er musste von nun an nicht mehr jeden Taler umdrehen. Er konnte sich den hübschen Scherz erlauben, den Weihnachtsbaum für Emma mit goldenen Zwanzig-Mark-Stücken zu dekorieren, und wenn ein armer Student oder ein junger Künstler an seine Tür klopfte, griff er großzügig in die Geldbörse.

Nun wurde auch endlich der Traum von der eigenen Villa Wirklichkeit: Am 14. Januar 1896 wurde in Radebeul, Kirchstraße 5, die »Villa Shatterhand« bezogen. Und mit dem Aufstieg ins Villenmilieu ergaben sich auch Beziehungen zu anderen Villenbesitzern. Mit dem Radebeuler Fabrikanten Richard Plöhn und seiner Ehefrau Klara entwickelte sich ein freundschaftlicher Verkehr.

Wenn May Klara auch zunächst als »Gänschen« bezeichnete – nicht ganz so groß wie »meine eigene Gans« –, mit
Richard verband ihn bald eine enge Freundschaft. Was er
in seinen Büchern schildert, die tiefe Männerfreund-
schaft, hier wurde sie tatsächlich erprobt. Noch ein weiterer Freund wurde gewonnen, Kommerzienrat Emil Seyler
aus Deidesheim, der schon bald »der liebe Winnetou«
heißt. Hier also fand Karl May in der Wirklichkeit, was er
phantasievoll erhoffte. Der arme Weberjunge, der Gefan-
gene, der Getriebene, hier bot sich ihm endlich ein Ruhe-
pol. So heißt es denn auch: »Ich hatte Mittagszeit. Meine
ganze Welt schien Glück und Frieden auszustrahlen. Nur
Freundesworte klangen an mein Ohr.« Er fühlte sich
wohl, für kurze Zeit, und da vergaß er manches. Auch
die wachsende Entfremdung zu Emma wurde vorerst
überlagert von den Segnungen des Reichtums. Wie ein
Kind hüpfte May durch die Villa und begann auch gleich
mit rechten Kinderstreichen. Das Haus wurde zur Hülle
seines Inneren, zum Wigwam des Weitgereisten. Überall
hingen Dolche, Säbel, Pistolen, Speere, Paschasattel und
Kamelbeschirrung. Und erst das Arbeitszimmer: Tep-
piche allenthalben, eine ausgestopfte Löwin. In der Bibliothek mit ihren rund 2000 Bänden konnte man bei ge-
nauem Hinsehen die Reiserouten des Meisters verfolgen,
auch sein »Sprachgenie« entpuppte sich hier als eine
geschickte Verwertung von Wörterbüchern und Gramm-
matiken.

Und nun begann er, die brüchige Leiter zu besteigen,
sozusagen das Inventar seiner Bücher zu verwirklichen.
Es gab sie also, die Silberbüchse, den Henrystutzen, den

◀ 47   Die Villa Shatterhand.
Außenansicht

Bärentöter. Eine Dame fragte ihn einmal: »Wie kommen Sie denn zu der Silberbüchse, Herr May, die haben Sie doch Winnetou mit ins Grab gegeben?« Er war nicht um eine Antwort verlegen: »Das ist richtig, aber als ich später einmal bei der Verfolgung eines Trupps Ogekkakkah-Indianer wieder ins Tal des Metsuflusses kam, stieß ich auf Sioux, die gerade dabei waren, das Grab zu plündern. Sie hatten es auf die Silberbüchse abgesehen. Ich nahm das Gewehr heraus und sorgte dafür, daß dies überall bekannt wurde, damit sich keine Entweihung wiederhole.« Ja, Old Shatterhand wusste sich in allen Lebenslagen zu helfen.

Er hatte ja auch noch den Bärentöter, jene zehneinhalb Kilo schwere doppelläufige Elefantenbüchse. Dabei war

▲ 48   Die Bibliothek der »Villa Shatterhand«

▶ 49   Das Arbeitszimmer in der »Villa Shatterhand«

der große Held May in Wirklichkeit nur 1,66 Meter groß. und niemand weiß, ob er überhaupt jemals mit dieser Kanone geschossen hat. Und dann der Henrystutzen. Da besaß er angeblich das letzte vorhandene Exemplar: »Vor. den elf oder zwölf Henrystutzen, die es überhaupt gegeben hat, ist nur der meinige noch vorhanden.«

Immer neue Fiktionen wurden erdacht, in Kürschners Literaturkalender nannte er sich »Dr. phil«, und auch, als er sich dort als Übersetzer für »Arab. Türk. Kurd. Indianerdial.« bezeichnete, wurde ein wenig von seiner Polyglotterie sichtbar. Was sich in seinen Büchern noch als schriftstellerische Freiheit deuten lässt, in seiner Korrespondenz entdeckt man den alten Hochstapler, freilich diesmal nicht als Pelzhändler oder Notenstecher, sondern als vielbewunderten Weltreisenden.

Und er trieb es immer dreister. So berichtete 1897 der ›Bayrische Courier und das Münchner Fremdenblatt‹ über Karl Mays Auftreten in München. Der Reporter war tief beeindruckt und übersteigerte Mays Phantastereien fast ins Lächerliche, als er schrieb: »Mir aber, und wohl Allen, die in diesen Tagen mit Dr. May zusammentrafen, war es eine große Freude und wird es eine bleibende Erinnerung

sein, den Mann, der die ganze Welt bereist hat, der über 1200 Sprachen und Dialekte versteht, den letzten Vertreter der Romantik des Wilden Westens von Angesicht zu Angesicht gesehen zu haben.« Wem es nicht vergönnt war, dem Autor von Angesicht zu Angesicht zu begegnen, dem standen zum Trost diverse Fotografien zur Verfügung. Der spätere Landes-Rechnungsdirektor Alois Schießer aus Linz schoss als Student und eifriger Amateurfotograf etliche Fotos von seinem Idol, auf denen Karl May als Old Shatterhand oder Kara Ben Nemsi kostümiert oder eben auch »nur« als Dr. Karl May zu sehen war. Die Firma Nunwarz in Urfahr bei Linz produzierte die Bilder, und Adolf Nunwarz kassierte dafür noch eine hübsche Summe für seine Beteiligung an der Ablichtung. Mehrere Vertriebsunternehmen boten die Fotos auch »mit seiner eigenhändigen Unterschrift« an. Da unterschrieb er, wie gewünscht, als Dr. Karl May oder auch als Old Shatterhand und Kara Ben Nemsi.

Nach den ersten sechs Bänden bei Fehsenfeld erschienen die drei Bände des Winnetou, ›Winnetou, der Rote Gentleman‹ hießen die Bände VII bis IX. Band I des Winnetou wurde direkt für diese Buchausgabe verfasst. »Es freut mich, daß Sie mit drei Bänden ›Winnetou‹ einverstanden sind; ich könnte mit den Apatchen zwanzig füllen … Es würde ein Denkmal der roten Rasse sein und sollte eigentlich in einem Kiosk der Ausstellung zu Chicago [die Weltausstellung 1892, d. V.] verkauft werden.« So schrieb Karl May an Fehsenfeld. Es blieb zunächst bei drei Bänden, aber sie gehören seither zu den erfolgreichsten Büchern Karl Mays.

◀ 50, 51   Karl May in den Kostümen seiner Romanhelden Kara Ben Nemsi und Old Shatterhand

▶ 52   Der erste Winnetou-Band von 1893 (links) und der dritte Band in einer Nachauflage mit einem Deckelbild von Sascha Schneider

Warum wurden und werden diese Bücher von hunderttausenden Lesern geliebt, wo liegen die Gründe des Erfolgs? So seltsam es klingt, die Grundmuster in Mays
Werk wiederholen sich, und der Leser weiß im Grunde,
was ihn erwartet. Er ist ein unsichtbarer Mitwirkender
bei diesen Ritten über die Prärie, in den Kämpfen gegen
Schurken, die siegreich bestanden werden.

Die ›Winnetou‹-Trilogie ist dafür ein Beispiel. Hier weiß
man, was man hat. Old Shatterhand reitet den prachtvol-
len Rappenhengst, den er seinem Freund Winnetou ver-
dankt. Und dann vollzieht sich hier wie in anderen Bänden das Ritual: Irgendwo ist ein Verbrechen geschehen,
das gesühnt werden muss. Also auf die Pferde, ihr Helden, nun geht's los. Ob man über die Prärie oder durch
die Wüste reitet, immer zeigen sich das ausgeprägte Gespür und die hervorragenden Kenntnisse der Protagonis-

ten. Unterwegs werden ein paar kleinere Schurken erledigt. Messerkämpfe und Tomahawk-Siege gehören zu den Kampfbildern, und, wie sollte es anders sein, Faustkämpfe, in denen Old Shatterhand seinem Namen alle Ehre macht. Gefangennahme und Befreiung wiederholen sich in vielen Variationen. Es sind Reflexe der Jugend-

erfahrungen des Autors, die er hier verwandelt zu bewältigen sucht.

Bei Fehsenfeld »gluckte« es nach der Veröffentlichung von ›Winnetou‹ immer mehr. 1895 verkaufte man 60 000 Bände, 1896 waren es gar 150 000 Exemplare der Reiseerzählungen. Dadurch bricht auch über Karl May ein gewaltiger Geldsegen herein.

Eines Tages setzte einer seiner Bediensteten das Gerücht in die Welt, Karl May sei verrückt geworden. Er hatte wohl die Versuche seines Herrn, die Schmatzlaute in der Sprache der Namaqua-Indianer zu artikulieren, falsch gedeutet. Allerdings trug May selbst erheblich dazu bei, einen solchen Eindruck tatsächlich auch zu erwecken. Von den Waldenburger Fürsten ließ er sich im Wagen abholen, im bayrischen Königshaus will er angeblich wie ein »alter, lieber Bekannter« aufgenommen worden sein, und in Wien parlierte er mit der Erzherzogin.

Schließlich gab er sich auch nicht mehr mit dem Titel eines Reiseschriftstellers zufrieden. Als ihm einer seiner

◀ 53   Karl May um 1896

Ein Greenhorn ist ein Mensch, der nicht vom Stuhl aufsteht, wenn sich eine Lady draufsetzen will; der den Herrn des Hauses grüßt, ehe er der Mistreß und der Miß seine Verbeugungen gemacht hat; der beim Laden des Gewehrs die Patrone verkehrt in den Lauf schiebt oder erst den Pfropfen, dann die Kugel und zuletzt das Pulver in den Vorderlader stößt. Ein Greenhorn spricht entweder gar kein oder ein sehr reines und geziertes Englisch; ihm ist das Yankee-Englisch oder gar das Hinterwäldler-Idiom ein Greuel; es will ihm nicht in den Kopf und noch viel weniger über die Zunge. Ein Greenhorn hält ein Racoon für ein Opossum und eine leidlich hübsche Mulattin für eine Quadroone. Ein Greenhorn raucht Zigaretten und verabscheut den tabaksaftspeienden Sir. Ein Greenhorn läuft, wenn er von Paddy – von einem Iren also – eine Ohrfeige erhalten hat, mit seiner Klage zum Friedensrichter, anstatt, wie ein richtiger Yankee tun soll, den Kerl einfach auf der Stelle niederzuschießen. Ein Greenhorn hält die Stapfen eines Truthahns für eine Bärenfährte und eine schlanke Sportjacht für einen Mississippisteamer.

*Karl May, ›Winnetou I‹ (1893)*

Anhänger schrieb, er lese seine Bücher als »Reden an die Völker, Predigten des Gottvertrauens und der Menschenliebe«, traf er exakt Mays Selbstverständnis. Er wollte Weltenprediger sein, und nahezu sämtliche deutschen Bischöfe, die von Fehsenfeld seine Bücher bekamen, lobten den Bruder im Geiste aus Radebeul. »Die hier gebotene Lektüre (ist) ebenso sehr sittlich rein und unterhaltend, als auch lehrreich ...«, urteilte Se. bischöfl. Gnaden Dr. Bernhard Höting, Bischof von Osnabrück. Und der Erzbischof von München, Dr. F. J. von Stein, setzte hinzu: »Der sprachgewandte Verfasser besitzt in hohem Grade die Gabe, frisch, packend und volkstümlich zu schreiben.« Hätten die hohen geistlichen Herren gewusst, dass alte Bekannte der Mays, Dr. Pfefferkorn nebst Gattin, in der »Villa Shatterhand« den Spiritismus praktizierten, sie hätten wohl ein wenig befremdet reagiert. May achtete denn auch darauf, dass dies nicht bekannt wurde. Aber als es doch an die Öffentlichkeit kam, war er nicht verlegen: Er nannte sich einen »Spiritualisten« im Sinne Emanuel Swedenborgs. Doch die mehr als 70 spiritistischen Werke in seiner Bibliothek zeigen wieder einmal die andere Seite solcher Schutzbehauptungen.

Aber May hatte ja als Weltenprediger auch anderes zu tun. Er musste Briefe beantworten, manchmal lagen bis zu 500 Schreiben auf seinem Tisch – wenn man ihm glauben darf. Er musste Lob empfangen, er musste Hof halten. Darüber merkte er nicht, dass es im Gebälk des Gebäudes, das er sich errichtet hatte, gefährlich knackte. Und bald stürzten die ersten Balken herab. Er war unterwegs, tatsächlich auf Reisen, als es geschah. Am 26. März

**Emanuel Swedenborg** (1688–1772), schwedischer Naturforscher und Theosoph. Begründer eines okkulten Mystizismus, gegen den Immanuel Kant seine Schrift ›Träume eines Geistersehers‹ (1766) richtete.

1899 unternahm er erstmals eine große Orientreise. Seine Frau und das Ehepaar Plöhn begleiteten ihn bis nach Genua. Und während May mit dem Reichspostdampfer »Preußen« wegschipperte, reisten Emma und die Plöhns nach Nizza und Paris. Und der gute May wusste noch nicht, dass sich zu Hause inzwischen eine Katastrophe anbahnte. In Port Said und Kairo genoss er den Aufenthalt in den Luxushotels und schrieb einige hundert Kartengrüße nach Deutschland. Seine Bischöfe und die lieben Freunde überall sollten doch wissen, dass er nun die Stätten seiner berühmten Abenteuer noch einmal aufsuchte. Bei der Lektüre seines Reisetagebuchs und seiner Kartengrüße, die Bartsch und Wollschläger (1971) zusammengetragen haben, erkennt man jedoch, dass er die Orte seiner einstigen Abenteuer eher mied. Es reichte ihm, ein bisschen auf Tourist zu machen. Und natürlich gab es auch hier genügend Leute, die den Groß-Schriftsteller kannten: »Leider bin ich auch schon hier in Kairo entdeckt worden. Jeder Deutsche liest meine Werke«, heißt es in einem Brief vom 1. Mai 1899. Weiter ging es über Beirut und Jerusalem, bis er am 22. September 1899 Massaua, die Hauptstadt von Eritrea, erreichte.

Und dort wartete auch schon Post auf ihn, und er bekam einige deutsche Zeitungen in die Hände, die davon berichteten, daß ein Verlag in Dresden damit beginne, eine Serie von Kolportageromanen des berühmten Schriftstellers Karl May herauszugeben. Es zeigte sich also, dass der große May insgeheim Kolportage produziert habe. Ungerührt schrieb May an Fehsenfeld: »Lassen Sie doch

So weit ich die zuständige, nicht-existierende, Fachliteratur überschaue – und ich habe schließlich auch mal über May geschrieben – ist Wollschläger der einzige wissenschaftlich integre Mann im sonst rein emotionell orientierten Hohen Hause dort; (…). Er hat die Textbearbeitungen mild, aber völlig ausreichend gekennzeichnet, ein rechtes Muster des suaviter in modo; er hat das virtuos verhängte Daten- & Urkunden-Embargo erfolgreich durchbrochen …

*Arno Schmidt (1965)*

**Aus dem Reisetagebuch 1899**

22. April 1899. Kairo. Ich habe mich bisher nur einmal freimachen können, zu einem zweitägigen Ritte in die lybische Wüste. Noch einmal die Pyramiden bestiegen, und nur 2 Moscheen besucht. Erst in Oberegypten wird das anders, weil es da glücklicher Weise keine Leser gibt. Jeder gebildete Deutsche, der sich hier in Kairo befindet, kennt leider May. Wir haben jetzt eben Nachmittag 3 Uhr, 32 Grad Reaumur; das genügt! Ich mache, ehe ich nach dem Sudan aufbreche, erst einen Exkursionsritt nach dem Fayum ... Und nun raten Sie, wer hier jetzt auf meinem Divan sitzt und seinen Namen auch unterschreiben wird!

54    1899 im Orient

23. April. Kairo. Du hast keine Ahnung, was ich zu schreiben habe. Heute sind ohne die Briefe 78 Postkarten fertig geworden. 25 allein für die bayrischen Prinzen, denn die wünschen ganze Sammlungen ...

17. Mai. Kairo ... Grad weil das Leben des Orients so inhaltslos, so oberflächlich, schmutzig und lärmvoll ist, wirkt es auf die besser veranlagten Menschen vertiefend, bereichernd, reinigend, beruhigend und befestigend. Man wendet sich unbefriedigend und bedauernd ab und geht nach innen. Das ist die Wirkung auf mich, und ich bin Gott dankbar dafür.

27. Mai 1899. Siut. Es ist eine meiner Eigenheiten, so viel wie möglich im Freien zu arbeiten, selbst auch des Abends und des Nachts. Ich kann sagen, daß ich meine glücklichsten, geistig belebtesten und fruchtbarsten Zeiten auf den platten Dächern des Morgenlands verlebt habe
...

12. Juni 1900. Abreise von Damaskus nach Beirut. Gedicht. Ich gehe fort in das gelobte Land ... Bin mit Sujets so reich versehen, daß ich bei meinen 60 Jahren nur eilen, eilen, eilen muß, um auch meinen Lesern das zu geben, was mein Herz erfüllt und mich so unendlich glücklich macht, denn was ich bis jetzt geschrieben habe, ist nur die Einleitung, die ohne Kenntnis des

Folgenden unmöglich verstanden werden kann. Daher auch meine fröhliche und unerschütterliche Ruhe den Zeitungen gegenüber, welche mich angreifen, ohne mich begriffen zu haben. Diese Herren brachten mir große buchhändlerische Erfolge, und das Ende ihrer Angriffe wird ein für mich hochbefriedigendes sein ... Kein Ende, sondern ein Beginn der Angriffe.

Nie werde ich diese Zeitungslesestunde in Massaua vergessen! Mit ihr begann meine Kreuzigung. Ich hänge noch heut am Marterholz, und kein Mensch rührt die Hand, mir mitleidig herabzuhelfen ...

Ich las. Die angestrichenen Stellen waren höchst sonderbaren Inhaltes. Das eine Blatt behauptete, dass ich mich nicht etwa im Orient befinde; das sei Schwindel; ich stecke vielmehr in Tölz in Oberbayern, um heimlich in Jod zu baden. Meine Reisen seien überhaupt nur Lügen; ich ersinne alles am Schreibtisch daheim! Das war gehässig, aber lächerlich. Kein vernünftiger Mensch glaubte so etwas. Ich warf dieses Blatt weg. Ein anderes brachte dieselbe Notiz und fügte noch hinzu, dass mein Schwiegervater ein Handwerker sei. Noch lächerlicher. Ein drittes warnte vor meinen Büchern, ohne aber einen Grund anzugeben. In diesem Ton ging es noch durch mehrere fort ...

Ich bin ein Mensch und habe meine Schwächen. Ein tragisches Schicksal ist dichterisch ganz schön, bei nüchterner Betrachtung aber wohl kaum wünschenswert. Meine Ziele sind keine niedrigen, und ich habe Hunderttausende von Lesern, deren Augen ich nach ihnen richten will. Macht man mich kaputt, so fallen mit mir alle diese Ziele. Und mein ganzes sechzigjähriges Leben und Leiden ist, als ob es nicht gelebt und nicht durchlitten wäre!

55   Auf dem Bahnhof in Port Said (Ägypten)

die Lügner schwatzen. Mich stört das nicht im Mindesten. Habe hier Briefe und eine Menge solcher Zeitungen vorgefunden. Sie lassen mich vollständig kalt. Lächerliche Bemühungen ohnmächtiger Geister. Weiter nichts!«

Ganz so kalt hat ihn die Sache wohl nicht gelassen. Der Hintergrund, der bis in die Münchmeyer-Zeit zurückreichte, war folgender: Als Münchmeyer 1892 starb, führte seine Witwe das Geschäft weiter, und nun war auch die alte Ausrede nicht mehr aufrechtzuerhalten, dass die ursprünglich vereinbarte Auflage von 20 000 bisher noch nicht erreicht sei. May wurde also mitgeteilt, die Urheberrechte seien wieder an ihn zurückgefallen. Doch dann hörte er, dass Pauline Münchmeyer den Verlag verkaufen wollte, und er warnte sie, seine Rechte nicht mitzuveräußern. Doch kurz bevor er seine Reise antrat, verkaufte Frau Münchmeyer das Unternehmen, und der neue Besitzer, Adalbert Fischer, erklärte ganz unumwunden, dass er den Verlag nur wegen der Bücher von Karl May erworben habe. Schon wurden Prospekte gedruckt, die eine Neuausgabe ankündigten. May war sich freilich seiner Sache sicher, er hatte ja die Briefe, in welchen ihm

**Ein Himbeer-Fan**

Eben will ich mich wieder zur Arbeit setzen, da fällt mein Blick in den Garten. Der Gymnasiast ist mir über die Himbeeren geraten. Ich klingle, um ihm sagen zu lassen, daß meine gute Hausfrau auf diese Weise zu keinem Himbeersafte und Old Shatterhand zu keiner Limonade kommen könne; er geht höchst indigniert von dannen, und ich erfahre, daß er vorher auch schon meine köstlichen Riesenerdbeeren, die ich mir mit vieler Mühe und durch eine Reihe von Jahren aus einer einzigen, von mir selbst hybridisierten Pflanze gezogen habe, den Weg aller Beeren habe gehen lassen. Wahrscheinlich hat er geglaubt, daß es eines Westmannes wie Old Shatterhand unwürdig sei, sich mit süßen Erdbeeren zu äsen!

So freut es mich, daß meine Werke (…) in vielen Schul- und Erziehungsanstalten gelesen werden und daß es als ein gutbewährtes Züchtigungsmittel gilt, Ungehorsame bis zu ihrer Besserung von dieser Lektüre auszuschließen. Wenn ich in dieser Weise von meinen Büchern spreche, so geschieht dies wieder durchaus objektiv. Es fällt mir nicht im Traume ein, mir auf das, was ich er-

Münchmeyer die einstmals mündlich geschlossenen Vereinbarungen bestätigte. Er hatte deshalb Fischer wissen lassen, dass er Schadenersatz fordern werde, allein 500 000 Mark Buße, wenn das Pseudonym gelüftet würde.

Aber während er auf Reisen war, hatte sich in Deutschland manches ereignet. Die abwiegelnden Zeilen an Fehsenfeld darf man durchaus auch als Ablenkung deuten. Die Geschichte hatte ja in der Öffentlichkeit eher harmlos begonnen. In der ›Frankfurter Zeitung‹ war ein Artikel erschienen, in dem wohl zum ersten Mal Mays Erfolgsgeschichte kritisch beleuchtet wurde. »Wir fanden, daß sie alle nach einer bestimmten Schablone zurechtgemacht sind und daß sie von einer gesunden Roheit strotzen, die durch ihre Verquickung mit einer tendenziösen Verherrlichung des Christentums nicht gerade angenehmer wirkt. Wir halten also die ganze Karl-May-Literatur für keine erfreuliche Kulturerscheinung.« Daraus entstand ein Streit, Zustimmendes wurde gedruckt, und natürlich kamen auch die Jünger und Verteidiger zu Wort. Freund Plöhn verlangte eine Berichtigung, und Verleger Fehsenfeld verwies darauf, dass der Dr. May ja gerade wieder im Sudan weile, um seinen Freund Hadschi zu besuchen.

Aber nun ging es erst richtig los. Der Hauptfeind trat auf den Plan: Der Feuilletonredakteur der ›Frankfurter Zeitung‹, Fedor Mamroth, warf den Fehdehandschuh, und da wurde es schon gefährlicher. Als ein Leser ihm empfahl, doch Mays Selbstbiografie zu lesen, schrieb er: »Die halbe Stunde, die wir mit der Lektüre verbrachten, werden wir lange in dankbarer Erinnerung behalten. Wir lasen und lachten dann, daß man es drei Gassen weit

lebt und geschrieben habe, auch nur das Geringste einzubilden. Was ich bin (...), das bin ich durch Gottes Barmherzigkeit, und wer den Anker seines inneren und äußeren Lebens in die Barmherzigkeit des Allgültigen versenkt, der weiß, daß er nichts als nur ein schwaches Werkzeug Gottes und ihm zu unaufhörlichem Dank verpflichtet ist; Dankbarkeit ohne Demut aber gibt es nicht.

*Karl May, ›Freuden und Leiden eines Vielgelesenen‹ (1896)*

hörte …« Und wie man weiß – wenn einer geschlachtet wird, dann finden sich viele Mitschlächter ein. So schrieb der Chefredakteur der ›Kölnischen Volkszeitung‹, Hermann Cardauns, May möge doch darauf verzichten, Jules Verne und den Apostel Paulus in einer Person darzustellen, sich auf das erstere Genre beschränken und dabei, wenn möglich, seinen Stil verbessern. Derweil saß der Delinquent auf der »Palestina« und war auf dem Weg nach Massaua, wo er nun eben diese Zeitungen zu Gesicht bekam. Hans Wollschläger hat die Folgen beschrieben: Nicht nur führten die äußeren Ereignisse zu einer Problematisierung seiner Existenz, sondern »die jähe riesige Erweiterung der Außenwelt mußte die gewonnene Realitätssicherheit zwangsläufig vernichten und den psychotischen Konflikt grell wieder aufbrechen lassen«.

Ein paar Wochen später passierte es. Im Reisetagebuch findet sich davon freilich nichts, aber eine Notiz von Klara Plöhn wirft ein Licht auf die Ereignisse. Er habe plötzlich die Nahrung verweigert, sich wie ein Kind benommen, ein Nervenzusammenbruch also. Ob man dies nun in direkt psychoanalytischer Weise deutet oder als unterbewusste Bedrohung der Lebenssituation, die sich May mittlerweile geschaffen hatte und die nun durch die Wiederauferstehung der Schatten der Münchmeyer-Zeit gefährdet war: Die Orientreise wurde zu einer existenziellen Erfahrung. Sein Leben änderte sich, auch wenn die äußeren Koordinaten dies nicht sofort augenfällig zeigten. Er depeschierte an Emma und die Plöhns, sie sollten doch nach Kairo kommen, da alles hier so herrlich sei. Man traf sich im April in Port Said, und noch einmal ging

Da die Europäer die Reise nach dem Orient zumeist in der kühleren Jahreszeit machen, so empfehlen sich am besten graue Herbstanzüge aus Wollstoff (für Reitpartien Reithosen, Gamaschen), wollenes Unterzeug (Jägerhemden, wollene Leibbinden für etwa eintretende Erkältungen und Diarrhöen), Sommerüberzieher und ein wärmerer Paletot (…). Sehr gute Dienste leisten auf Landtouren eine Feldflasche, ein gutes Messer (…), ein Sonnenschirm, event. Schutzbrille oder Zwicker, weicher Filzhut

es nun in der Gruppe über Jaffa, Jerusalem, Hebron und Jericho nach Tiberias. Wie wohl tat es da, Pater Biever zu treffen, den Direktor der Deutschen Palästinagesellschaft in Kapernaum, der, wie Klara May später berichtete, »erzählte (…), daß Karl May sein Lehrer im Umgang mit den Beduinen gewesen sei. Jetzt gilt er dort unter diesen Leuten als Berater und Helfer in allen Lebenslagen.« Einen solchen Helfer in allen Lebenslagen hätte wohl May auch nötig gehabt. Es ging dann weiter nach Damaskus und Beirut. Das Reisetagebuch bietet ›Baedecker‹-Eindrücke. Dann folgten Istanbul und Athen, und über Venedig, Bozen und München kehrte man heim nach Deutschland.

Am 31. Juli war Karl May wieder in Radebeul. Er war sich sicher, das er die ärgerlichen Anwürfe problemlos zurückweisen konnte. Die Münchmeyer-Käufer verfügten über keinerlei Dokumente, die bewiesen, dass ihnen noch irgendwelche Rechte zustanden. Und Münchmeyer selbst hatte brieflich um die weiterlaufenden Rechte gebeten – also lag alles in Mays Hand. Und die Briefe samt seinen Unterlagen lagerten sicher verwahrt in einer Schreibtischschublade. May öffnete den Kasten – und er war leer. Seine Frau gestand, dass sie sie allesamt vernichtet hatte. Das war der Anfang vom Ende.

oder seidenes Kaffije (Kopftuch, noch praktischer ist die sog. Stanleymütze) (…). Wer in den besseren Hotels Cairos absteigt, thut gut, einen schwarzen Gesellschaftsanzug mitzunehmen. (…) Schutzwaffen sind im Orient kaum erforderlich, aber ein Taschenrevolver thut unter Umständen gute Dienste. (…) Reist man mit einer Karawane, so braucht man nicht notwendig eine fremde Sprache zu kennen.
    *Kleiner Orientführer‹ aus Woerl's Reisebücherverlag (1901)*

# Im Reich des silbernen Löwen

Noch bevor er zu seiner Orientreise aufbrach, hatte Karl May die beiden ersten Bände des Romans ›Im Reich des silbernen Löwen‹ abgeschlossen. Sie erschienen zunächst in Friedrich Pustets ›Deutschem Hausschatz‹ 1897/98 im Vorabdruck, dann als Buch bei Fehsenfeld 1898. Aber schon während des Vorabdrucks in Pustets Postille gab es einen Eklat zwischen Autor und Herausgeber. Ein Waschzetteltext erregte Mays Zorn derart, dass er die Rückgabe seines Manuskripts forderte. »Ich telegrafierte Pustet, daß ich mitten in der Arbeit aufhören müsse und kein Wort weiter für ihn schreiben werde. Er mußte mir sogar das in seinen Händen befindliche Manuskript wieder senden.« Wir wissen nicht, was den Autor so verärgerte, denn der ominöse Waschzettel ist verschwunden. Doch das Donnergrollen, das hier hörbar wurde, verwies auf das Unwetter, das noch kommen sollte.

Diese ersten beiden Bände des ›Silbernen Löwen‹ waren die übliche Konfektionsware Karl Mays. Handlung und Hintergrund in bewährten Mustern, das bekannte Personal in abenteuerlichen Aktionen. So wollten es Verleger und Leser. Aber bei aufmerksamer Lektüre spürt man die Unlust des Autors, die Schlampigkeit der Komposition, die Häufung der Zufälle. Die Handlung setzt

May, der geborene, also zumindest ›nominelle‹ Protestant, hat es nicht verschmäht, sich öffentlich als ›Katholiken‹ zu bezeichnen; und zwar aus rein kommerziellen Erwägungen, um als Mitarbeiter an jenem, literarisch Nullen aber unangenehm bigotten, Hausschatz mittun zu können. Wie munter ließ er nicht MD (Marah Durimeh) vom Papsttum dozieren: »Hat nicht dieser Hirte bereits seinen Statthalter auf Erden? Warum wendet Ihr selbst Euch von ihm weg? Kehrt zu ihm zurück, dann seid Ihr einig!«...

*Arno Schmidt, ›Sitara und der Weg dorthin‹ (1963)*

nach Winnetous Tod ein. Old Shatterhand rettet dem persischen Prinzen Dschafar das Leben. Aus dem Wilden Westen geht es dann in Windeseile hinüber nach Afrika, wo wir ihn samt getreuem Gefährten Hadschi Halef in mancherlei Wüstenabenteuern begegnen. So sollte es dann auch noch in den beiden geplanten Bänden weitergehen, jedenfalls war dies die Hoffnung des Verlegers. Aber May war wohl hier schon am Ende seiner Abenteuerreise zwischen Wüste und Felsgebirge angelangt.

Die Ermüdung des Dauerschreibers wurde sichtbar. Die Orientreise mit ihren Ereignissen, die beginnende Kampagne gegen May taten das Ihrige. So konnte er nicht mehr schreiben. Zunächst einmal legte er seinem Verleger ein Manuskriptbündel auf den Tisch, die literarische Ausbeute der Orientreise, was den braven Fehsenfeld doch sehr erstaunte. Aber Autoren waren manchmal schwierige Wesen, also druckte der Verleger das Manuskript. Fehsenfeld, der das Manuskript ziemlich irritiert gelesen hatte, konnte und wollte seinem Erfolgsautor keine Absage erteilen. Er hoffte einfach, dass es sich dabei um eine Laune, eine Arabeske des Freundes handelte. Denn das Manuskript hieß ›Himmelsgedanken‹, und es war eine Sammlung von Gedichten oder das, was May

### Ragende Berge

Ich sehe Berge ragen
Dort an der Steppe Rand.
Es soll mein Fuß mich tragen
Hinauf ins bess're Land.
Dort ladet, wie ich glaube,
Zur Ruhe man mich ein,
Und von dem Wanderstaube
Werd ich gereinigt sein.

Ich sehe Berge ragen
Empor zum geistgen Ziel.
Es thürmen sich die Fragen,
Doch frage ich nicht viel.
Es wird ja doch beim Steigen,
Halt ich zuweilen an,
Sich ganz von selber zeigen,
Wie weit ich schauen kann.

Ich sehe Berge ragen
Bis in des Lichtes Reich.
Der Glaube wird mir sagen
Den Weg, den rechten Steig.
Dort find ich offne Thüren.

*Karl May, ›Himmelsgedanken‹ (1900)*

für Gedichte hielt. So wurden also die Texte fein gedruckt, in blaues Leinen gewandet, mit Goldschnitt versehen, die Auflage allerdings mit lediglich 5000 Exemplaren sehr zurückhaltend festgelegt.

May nahm das Büchlein gut gelaunt in die Hand – endlich mal eine erfreuliche Nachricht. Und wie immer hatte er auch für die winzige Auflage eine Erklärung: So konnten nur seine wirklichen Anhänger das Buch erwerben. Da hatte er sich freilich geirrt, denn es gelangte in die Hände seines Intimfeindes Hermann Cardauns. Der hatte als Hauptredakteur der katholischen ›Kölnischen Volkszeitung‹ längst einen Henrystutzen hervorgeholt, um als Schützenhauptmann gegen May ins Feld zu ziehen. Sein Urteil über die ›Himmelsgedanken‹: »Als lyrischen Dichter möchten wir uns Herrn May verbitten.«

56   Umschlag der Gedichtsammlung ›Himmelsgedanken‹, erschienen bei Fehsenfeld (1900)

Man muss kein Feind des Autors sein, um solchem Urteil zuzustimmen. Eine Kostprobe?

»Ich will ja nicht von hinnen scheiden,
Und ihr, ihr laßt mich auch nicht fort,
Der Tod wird zwar mich anders kleiden,
Doch wechsele ich nicht den Ort.
Den Körper trägt man wohl zu Grabe,
Den Menschen und den Dichter nicht.
Der eine sei euch Himmelsgabe;
Der Andere bleib euch – kein Gedicht.«

Nun, der Meister hatte sich leider an solche Eigenwünsche nicht gehalten, er verschonte seine Leser nicht mit diesen lyrischen Ausflüssen. Und die kritischen Stimmen, die durchaus nicht allein von Cardauns kamen, störten den Poeten aus Rabebeul nicht. Er hatte sein Programm: »Ich begann damals an meinen Himmelsgedanken zu dichten, deren erster Band inzwischen erschienen ist. Wer Gedichte über und für die Menschheitsseele schreiben und den Völkern gerecht werden will, denen diese Seele ihre Jugendbegeisterung widmete, der darf nicht meinen,

Mein Engel tritt heraus
Und wird mich weiter führen
Bis in das Vaterhaus.

Ganz der »Alte«: Die Wirkung war eine sofortige. Drüben erscholl ein Schrei, und auch hüben erscholl ein Schrei. Dann starrten sie einander an, ohne Ausdruck in den Gesichtern und ohne Worte. Das war der Augenblick, der entscheidende, der fürchterliche, der entsetzliche! Sie standen einander gegenüber, beide: der aus der geistigen Nacht Kommende und der in die geistige Nacht Gehende! Konnten Sie aneinander vorüber? War es möglich, den schon fast Geheilten wieder hinabzuzerren? Vater, lieber Vater, bat Mary voller Angst, indem sie sich fest an ihn drückte, Erlaubst du, daß ich Mutter rufe? Bleib hier; bleib hier! Da suchte seine Hand nach ihr. Das erlöste ihn von den Augen seines Gegenübers. Er konnte den Blick von ihm losreißen und auf seine Tochter richten …

*Karl May, ›Und Friede auf Erden!‹ (1904)*

daß er die Gedanken dazu im kalten, selbstsüchtigen Abendland finden werde, sondern er muß dorthin gehen, wo einst Gott zur Erde selbst kam und seine Engel sich den Menschen zeigen durften …« So schildert er die Situation später in seinem Roman ›Und Friede auf Erden!‹.

Jetzt aber hatte ihn das kalte, selbstsüchtige Abendland wieder. Und nicht genug, dass der Streit mit dem neuen Münchmeyer-Verleger eskalierte, er verlor auch noch seinen besten Freund: Richard Plöhn starb am 14. Februar 1900 an einem Nierenleiden. Noch auf der Orientreise hatten sich die beiden Paare May und Plöhn versprochen, ein gemeinsames Grabmal nach dem Vorbild des Nike-Tempels auf der Akropolis errichten zu lassen. Also ließ Klara Plöhn denn auch ein solches pompöses Grabmal

57 Die Ehepaare Plöhn und May (vorne Emma) vor den Pyramiden von Gizeh

bauen, in das dann 1903 Richard Plöhn umgebettet wurde. Es sollte auch die letzte Ruhestätte von Karl May werden (s. Abb. 87). Nun aber kümmerten sich die Mays erst einmal um die Witwe, die für einige Tage in die »Villa Shatterhand« zog. Und da Klara Plöhn längst auf eine schwärmerische Eckermann-Position gelauert hatte, ergab sich dazu jetzt eine gute Gelegenheit.

May bot ihr ein Gehalt an, damit sie künftig seine Korrespondenz erledigte. Klara widmete sich solcher Aufgabe mit Hingabe. Sie schrieb im Sinn und Stil des geliebten Meisters. Sie sichtete die Post, entschied, wer eine Antwort bekam und wer nicht; sie hatte, so scheint es, ihre Lebensaufgabe gefunden. Nein, so ganz noch nicht, denn insgeheim hoffte sie darauf, auf der Karriereleiter noch einen entscheidenden Schritt weiterzukommen: Längst hielt sie sich für die geeignetere Lebensgefährtin des Dichters.

Bei solch knisternder Spannung im Haus, die auch der guten Emma nicht entgehen konnte, verschärfte sich der Ehekonflikt. Angeblich zog May ins Dachstübchen, weil er die Anwesenheit seiner Frau nicht ertragen konnte, und ernährte sich nur von den Speisen, die die Dienstbo-

58   Richard Plöhn (1853–1901)

ten vorher gekostet hatten. Emma, die potentielle Giftmi-
scherin? Karl May liebte die dramatische Übertreibung,
im Schreiben wie im Leben. Aber die Giftkörner waren
wohl anderswo zu finden.

Zum Glück gab es neben diesen ganzen Verwirrungen
und Verirrungen noch immer die einsame Zeit am
Schreibtisch. Und ein Auftrag ließ auch nicht auf sich
warten. Josef Kürschner, der jetzt als Direktor der Deutschen Verlags-Anstalt wirkte, Begründer des noch heute
existierenden Autorenlexikons, bat May, sich mit einer
packenden Reiseerzählung an einem großen China-Werk
zu beteiligen. Aktueller Anlass waren die Ereignisse des
chinesischen Yihetsu-Aufstands, des Boxer-Aufstands, der
von europäischen Truppen niedergeschlagen wurde. May
war, so stand es im Lexikon, ein Kenner des fernöstlichen
Reiches. Er hatte es zwar nie besucht, aber in seiner Bibliothek gab es etliche Bücher, die seine »Kennerschaft«
ausmachten: Johann von Bloch, ›Zur gegenwärtigen Lage
in China‹, Hérisson, ›Tagebuch eines Dolmetschers in
China‹, ›Über die Schrift der Chinesen‹ von J. Heinrigs
und manches andere mehr. Schon 1892 hatte May die
China-Bücher für den Roman ›Der blaurote Methusalem‹
geplündert. Aber diese Erzählung für die »reifere Jugend«,
die ganz wesentlich von der anspruchslosen Humorigkeit
seiner kauzigen Figuren lebt, war etwas anderes gewesen, als es Kürschner nun erwartete. Der hoffte auf ein
Jubelwerk, das den Sieg der Europäer, besonders der

»Du bist eine Träumerin, ganz wie deine Mutter war! Die Wirklichkeit aber sieht ganz anders aus als so ein Märchentraum. Das
Morgenland hat uns um das Paradies gebracht; es hat den Erlö-
ser gekreuzigt und bis auf den heutigen Tag niemals erkennen
wollen, was zu seinem Frieden dient. Nun kommen wir, die
Himmelsboten, ihm diesen Frieden zu bringen. Nimmt es ihn an,
so soll es ihn haben; stößt es ihn aber von sich, so wird es trotz
aller unserer Mühe nicht zu retten sein. Schau doch hinab und
sieh, was zu deinen Füßen liegt! Alles, was da noch orientali-
schen Ursprungs ist, steht im Begriff, im Schmutz zu versinken.
Alles Neue, Praktische und Gute aber hat diese Stadt vom

Deutschen feierte. Doch May hatte seine eigenen Himmelsgedanken zu diesem Projekt: »Ich zögerte nicht, ihm (…) eine bejahende Antwort zu senden, denn ich hatte vor kurzem ›Und Friede auf Erden!‹ begonnen, hoffte, es schnell zu beenden (…). So erzählte ich denn ganz unbesorgt, was ich zu erzählen hatte, bis mit einem Mal ein Schrei des Entsetzens zu mir drang (…) Ich hatte etwas geradezu Haarsträubendes geleistet, allerdings ganz ahnungslos: Das Werk war nämlich der ›patriotischen‹ Verherrlichung des ›Sieges‹ über China gewidmet, und während ganz Europa unter dem Donner begeisterter Hipp, Hipp, Hurra und Vivat erzitterte, hatte ich mein armes, dünnes Stimmchen erhoben und voller Angst gebettelt: ›Gebt Liebe nur, gebt Liebe nur allein!‹« Nun war es zu spät, den Radebeuler Friedensfreund aus dem Sammelwerk zu entfernen, und Josef Kürschner musste ziemlich säuerlich in seinem Vorwort eine entsprechende Entschuldigung vorbringen: »Karl Mays Reiseerzählung, die erst während des Erscheinens der einzelnen Lieferungen vollendet wurde, hat einen etwas anderen Inhalt und Hintergrund erhalten, als ich erwartet und geplant hatte.«

Immerhin erschien das Buch ja im Verlag der Deutschen Kriegerbund-Buchhandlung, und was May da in ›Et in terra pax‹, wie das Buch zuerst hieß, das dann später mit dem deutschen Titel ›Und Friede auf Erden!‹ als Buch erschien, vorlegte, war kein Denkmal von Streit und Sieg, keine Jubelfanfare.

Abendland bekommen. Dein Karl May, von dem ich sonst nichts wissen will, hat also in diesem einen Falle ausnahmsweise einmal das Richtige gesagt. Ist der Orient der Märchenprinz, von dem du sprachst, so ist es nur uns Sendboten möglich, ihn aus dem Schlaf aufzuwecken. Nur wir allein können ihn erlösen; wir fußen in und auf der Wirklichkeit; deine abendländische Jungfrau aber gehört ins Reich der Phantasie.«

»Phantasie! Das ist vielleicht das richtige Wort«, lächelte sie. »Es gibt Leute, welche behaupten, daß die Phantasie hellere und schärfere Augen habe als der alterssichtig gewordene Verstand.«

*Karl May, ›Und Friede auf Erden!‹ (1904)*

Es war auch ein Buch des Übergangs im Schaffen dieses Autors. Was sich in den beiden Schlussbänden des ›Silbernen Löwen‹ angedeutet hatte, hier wurde es sichtbar. Der Roman beginnt wie eine der üblichen Reiseerzählungen, Kairo ist erster Handlungsort. Diesmal konnte May ja tatsächlich aus eigener Anschauung schreiben. Und natürlich stellt sich auch gleich der Autor selbst vor, der

ein Gespräch belauscht, in welchem sein Name erwähnt wird. Die Geschichte bewegt sich dann nicht nur räumlich nach China, sondern geistig aus der Abenteuergeschichte ins Missionarische. Man begegnet sich beim Treffen der »Shen«, und da erleben wir schon eine erste Form des Weltbundes der Friedensfreunde, der freilich erst in der Buchfassung von 1904 eingeführt wurde. Aber May war nicht nur ein Prediger und Missionar, er erkannte auch die Hintergründe dieses Aufstands und seiner Niederschlagung. Und wie gesagt: Gebt Liebe nur, gebt Liebe nur allein, so endete denn die Geschichte.

Rings um Karl May aber wuchs der Streit, der Blätterkrieg spitzte sich zu. Und nun wurden die Münchmeyer-Drohungen Wirklichkeit: Anfang 1901 erschienen die ersten Bände von ›Karl May's illustrierten Werken‹. Die

59   Karl May um 1902

▶   60   Karl Mays Unterschrift

erste Serie in 30 Lieferungen enthielt den Roman ›Deutsche Herzen und Helden‹. May schäumte vor Wut. Aber was sollte er machen? Er hatte keinen Vertrag, keinen Brief in der Hand, der ihm juristisch genützt hätte. Ob es diese Briefe, von denen gelegentlich die Rede ist und die Emma verbrannt haben soll, tatsächlich gegeben hat, ist zweifelhaft. Bei einer Befragung durch den Staatsanwalt in späteren Jahren wird May davon sprechen, dass der Hinweis auf solche Briefe lediglich »eine Diplomatie« von ihm gewesen sei. Da bleibt ihm nichts anderes übrig, als den neuen Münchmeyer-Verleger Fischer zu treffen.

Und der lehnt sich angesichts der Rechtslage genüsslich zurück und fordert 70 000 Mark für die Rückgabe der Rechte an den Kolportageromanen an May. Das wies der Autor entrüstet von sich, denn er war vollkommen sicher, dass er die Sache juristisch durchstehen würde. So ließ er in Anzeigen verkünden, dass er gegen Fischer und seine angeblichen May-Ausgaben vorgegangen ist. Auch in den Fehsenfeld-Ausgaben warnt er seine treuen Leser: »Vor den Romanen, welche die Kolportagefirma H. G. Münchmeyer (Inhaber Adalbert Fischer) in Niedersedlitz bei Dresden unter meinem Namen verbreitet, muß ich ernstlich warnen! Sie erscheinen erstens gegen meinen Willen und zweitens ganz anders, als ich sie vor über zwanzig Jahren geschrieben habe. Sie sind Fälschungen meiner Originale.«

Die Schlacht, die sich im Lauf der Zeit zu einer Schlammschlacht entwickeln sollte, hatte begonnen. Fischer antwortete im ›Börsenblatt für den Deutschen Buchhandel‹ vom 29. April 1901 mit einem Gegenangriff:

»Die vielen direkten Anfragen seitens des Publikums, ob die Werke meiner Ausgabe ›Karl May's illustr. Werke‹ auch von dem bekannten und beliebten Reiseschriftsteller Karl May in Radebeul bei Dresden, Villa Shatterhand, geschrieben sind, zwingen mich aus nachstehendem Grunde nochmals zu erklären, daß dies der Fall ist.« Da musste sich der Meister ein wenig hinter die Schusslinie zurückziehen. So erklärte er notgedrungen, es handele sich zwar um seine Produkte, aber der verstorbene Münchmeyer habe wohl als »heimlicher Mitarbeiter« gewirkt, denn solchen Kitsch habe er nie geschrieben. So ging dies nun hin und her, Behauptung stand gegen Behauptung. Was da eigentlich irgendwann passiert war, niemand wusste mehr so recht Bescheid. Angeblich sollte nun auch Fischer noch einen Bearbeiter beschäftigt haben, die Anwürfe wurden heftiger und lauter. Und nicht nur die Klientel der Buchhändler hörte das Gewitter. Die so genannte »Öffentlichkeit« spitzte wie bei jedem Skandal die Ohren.

Da blieben also nur Gerichte, Rechtsanwälte, Staatsanwälte, die sich über Jahre mit dieser Angelegenheit würden beschäftigen müssen. Als Erster wurde Rechtsanwalt Paul Brückner von May beauftragt, eine Zivilklage beim Dresdner Landgericht gegen Fischer einzureichen, wegen unbefugten Nachdrucks und Verletzung des Urheberrechts. Dies endete zwei Jahre später mit einem Vergleich. In einer gemeinsamen Erklärung wiederum im ›Börsenblatt‹ musste May zugestehen, dass Fischer die Rechte an seinen Büchern miterworben hatte. Und dieser schob jenem ein Trostpflaster hin. Er erklärte nämlich,

Bei einem öffentlichen Vortrag führte der Redner [H. Cardauns, d. V.] aus, daß es sich hier um gräuliche Kolportage-Fabrikate handele, in denen sich die tollste Erfindung mit abgründlicher Unsittlichkeit der Darstellung vereinigt und die dick aufgetragene Moralität und Christlichkeit den widerlichen Eindruck nur verstärkt. Alles Anstößige auf Rechnung des verstorbenen Verlegers Münchmeyer zu setzen, wie May thue, sei unmöglich: in fünf Jahren habe May fünf Romane mit hunderttausenden von

dass etwaige Unsittlichkeiten in den Bänden seiner Ansicht nach nur »von dritter Seite hineingetragen worden« sein konnten. Eine solche Erklärung kostete ja nichts, das Geschäft war jedenfalls gerettet.

Dieser Prozess war jedoch nur das Vorspiel zu der Flut der Streitigkeiten, die noch kommen sollten. Und die Zeitungen hatten interessantes Material zuhauf für ihre neugierig-lüsternen Leser. Mays Spezialfeind Hermann Cardauns ließ es sich nicht nehmen, in den Ring zu steigen. Er wusste, wogegen er zu kämpfen hatte: »Ein bevorzugtes Thema bilden tiefe und tiefste Négligés, durchsichtige Kleider, Nuditäten, üppige Formen, lüsterne Bilder aller Art, furchtbare Roheiten, Verführung, Sittlichkeitsverbrechen, Ehebruch, gemeine Wüstlings- und Dirnenerlebnisse, eine unendliche Bordellgeschichte – oft bis zur Unerträglichkeit ausgemalt, und unzählige Male derart bei den Haaren herbeigezogen, daß man den Zweck, Befriedigung der niedrigsten Instinkte, mit Händen greifen kann.« Wenn es wirklich so wäre, könnte uns Karl May als rechter Lüstling erscheinen. In seinem Aufsatz über die Liebesgeschichten in Karl Mays Kolportageromanen legt Hermann Wohlgschaft allerdings ausführlich dar, dass es sich bei Cardauns Behauptungen um böswillige Unterstellungen und Verleumdungen handelt, selbst wenn man die Verklemmtheit dieses Sittenrichters berücksichtigt. May hätte also durchaus gelassen auf diese Angriffe reagieren können; sieht man einmal von der mangelnden literarischen Qualität ab, die diese so genannten »Stellen« zeigen, ist die Literatur vor May da bisweilen von ganz anderem Kaliber.

Druckzeilen geschrieben, und da solle er nicht gemerkt haben, daß der Verleger ihm hunderte von Seiten mehr oder minder pornographischen Inhaltes, vielfach der allerscheußlichsten Art, hineingeschmuggelt habe?

*›Frankfurter Zeitung‹ über Hermann
Cardauns Vorträge (9.11.1901)*

Aber es ging ja nicht um Wahrheit, Cardauns wollte Stimmung machen. Aus seiner Moralpostille tönte eine ganz besondere Melodie: »Das Allerschlimmste aber ist, daß diese Romane in denselbigen achtziger Jahren erschienen, in welchen May in einer katholischen illustrierten Zeitschrift unter seinem Namen Romane drucken ließ, die in sexueller Hinsicht einwandfrei und zuweilen katholisch gefärbt sind.« Noch deutlicher und infamer wurde der Möchtegern-Schriftsteller Georg Ruseler. Er wünschte sich, dass May keine weiteren zehn Jahre seines arbeitsreichen Lebens habe, denn dann würde er ja noch 25 bis 30 Romane schreiben. Und so flegelte er los: »Nicht alle Bücher sind in deutscher Sprache geschrieben; Karl May beglückt auch andere Völker, namentlich die Franzosen. Hoffentlich wird er von ihnen mehr gelesen als von uns, damit wir den Schaden nicht allein haben.« Natürlich, die lieben Kollegen, wie dieser erfolglose oldenburgische Heimatdichter, freuten sich heimlich oder auch ziemlich lautstark, dass der Erfolgsautor nun am Pranger stand. Da kamen Dummheit und Frechheit zusammen. Wer den Schaden hat, braucht für den Spott nicht zu sorgen.

May musste nun wieder etwas unternehmen. Als angeblich »dankbarer May-Leser« verfasste er eine Broschüre mit dem Titel ›Karl May als Erzieher und die Wahrheit über Karl May‹, die 1902 bei Freund Fehsenfeld erschien. Hunderttausend Exemplare zum Preis von jeweils 10 Pfennigen sollten den Leuten deutlich machen, wo die Feinde saßen. Aber May hätte gut daran getan, sich vorher juristisch beraten zu lassen, denn auch dieses

Vergessen wir nicht, daß Gott uns unseren Verstand gegeben hat, damit wir ihn gebrauchen, speziell gegenüber falschen Propheten!
*Hermann Cardauns (nach einem Bericht der ›Frankfurter Zeitung‹ vom 9.11.1901)*

Werk sollte nun wieder ein gerichtliches Nachspiel haben. Also Prozess und Vergleich.

Doch nicht nur im beruflichen Leben standen die Zeichen auf Sturm, die schleichende Auflösung seiner Ehe erreichte ein neues Stadium. Emma oder Klara, das war hier die Frage. May ging erst einmal mit den beiden Damen auf Reisen. Das gab Klara Plöhn endlich die Gelegenheit, die Initiative zu ergreifen: Sie überschüttete May mit Liebesschwüren, es kam zur

61  Klara Plöhn

Aussprache: Karl May würde sich scheiden lassen. Am 10. September 1902 reichte er die Scheidungsklage ein. Klara zimmerte eifrig mit am Konzept. Da kam es auf ein paar Unwahrheiten nicht an, Hauptsache, Emma wurde ins Unrecht gesetzt: Angeblich hatte sie Geld an Richard Plöhn ohne Wissen von Karl May weitergegeben, überdies Briefe und Verlagsverträge verbrannt. Man kennt die unendliche Geschichte. Rechtsanwalt Bernstein, der Emma vertrat, konnte schließlich die Versicherung abgeben, dass sie mit allen Bedingungen für eine Scheidung einverstanden war. Sie würde fortan in Weimar leben, mit der auszusetzenden Rente war sie zufrieden, und zu

**Klara Plöhn** (geb. Beibler; 1864–1944). In Dessau geboren, heiratete Klara mit 16 Jahren den Textilfabrikanten Richard Plöhn in Leipzig. Zusammen mit der verwitweten Mutter zog das junge Ehepaar ein Jahr später nach Radebeul, wo sie 1890 die Mays kennen lernten. Nach Plöhns Tod 1901 stellten die Mays sie als Sekretärin ein. Diese Stellung behielt sie bis zur Heirat mit Karl May 1903 inne.

den Scheidungsterminen würde sie nicht selber erscheinen. So nahm das Verfahren seinen Lauf. Anfang 1903 wurde die Scheidung verkündet, am 4. März war sie rechtskräftig. Da hat es Klara nun eilig, schon wenige Wochen später, am 30. März, fand die Eheschließung zwischen Karl May und Klara verw. Plöhn statt. Sie hatte erreicht, was sie wollte, die Nebenbuhlerin war aus dem Feld geschlagen. Karl May war der Herr und Klara seine Prophetin.

Was sich nun hier im persönlichen Leben vollzog, in den öffentlichen Auseinandersetzungen, waren die äußeren Zeichen einer Verwandlung. Karl May erwies sich in diesen Wirrnissen und Problemen als Autor, der sich

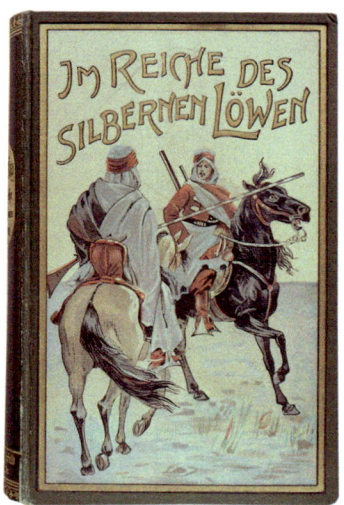

nicht nur ins Schreiben flüchtete, sondern der sich durch das Schreiben rettete. In dieser Zeit entstanden die Bände drei und vier des ›Silbernen Löwen‹. Sie sind von ganz anderer Art als etwa die ›Himmelsgedanken‹, sie zeigen eine neue literarische Schaffensperiode an. Ob man dem euphorischen Urteil späterer Interpreten zustimmt, die hier Karl Mays eigentliche literarische Leistung sehen, »die große, streckenweise überaus aufrichtige,

62  ›Im Reiche des silbernen Löwen‹. Buchumschlag von 1898

von Bewußtseinszensuren kaum retuschierte Abrechnung mit allen und allem: ein höchst virtuoses Schatten-Spiel und Schach mit lebenden Figuren« (Wollschläger), darüber kann man sicherlich diskutieren. Unbestreitbar aber ist, dass hier ein neuer Karl May sichtbar wurde, ein Autor, der das eigene Erleben, die oft zurückgedrängte und

63   Karl May um 1902

verdrängte eigene Vergangenheit und natürlich vor allem auch die Ereignisse, die er gerade durchlebte, in eine verblüffende vielschichtige Bildwelt verwandelte. Freilich, seine Leser waren irritiert, denn hier agierte dieser Schriftsteller nun ganz anders, als man es von ihm gewohnt war. Die Welt des ›Silbernen Löwen‹ war keine Abenteuerkulisse mehr, sondern eine Landschaft, die die eigene Existenz betraf. Und nicht nur die, sondern auch die Welterfahrung, die sich dahinter verbarg.

Die Welt des ›Silbernen Löwen‹ erscheint nur auf den ersten flüchtigen Blick wie ein Abglanz der alten Abenteuerszenerie. In Wirklichkeit sind aber die Berge und Täler, die Trümmer und Bauten nur Modelle, die anderes mittragen. Es beginnt zwar, wie so oft in Mays Werk, mit einem Ritt seiner Helden durch weite Lande. Angeblich werden wir diesmal in persische Weiten geführt. Kara Ben Nemsi und der Freund Hadschi Halef Omar bewegen sich da durch merkwürdiges Sumpfgelände. Und bald kommt auch der gewohnte Überfall der Feinde: Aber der Sumpf und der Stamm der Plünderer, der hier den Überfall inszeniert, sind ganz offensichtlich nicht von persischer Welt. Was da in Basra geschieht, ist das verwandelte Bild deutscher Gazettensümpfe, deutscher Plünderer im Münchmeyer-Mantel. Doch weder geht es als Mantel- und Degen-Stück weiter noch als simpler Schlüsselroman. Alles wirkt seltsam konstruiert und verhüllt.

Wohl die meisten meiner Leser des »Deutschen Hausschatzes« kennen Winnetou, den Häuptling der Apachen, den edelsten Indianer, den besten und treusten Freund, den ich gehabt habe; sie wissen jedenfalls auch, daß und wie er gestorben ist. Er erhielt im tiefen Krater des Hancock-Berges im Kampfe gegen die Sioux eine Kugel in die Brust und verschied kurze Zeit darauf in meinen Armen. Wir schafften seine Leiche nach den Gros Ventre-Bergen und begruben sie dort im Thale des Metsur-Flusses. Mir blieb die traurige Pflicht, nach dem Süden zu reiten, um den Apachen zu melden, daß ihr geachtetster und bewundertster Anführer nicht mehr am Leben sei.

Kein Sieg der alten Helden, sondern der Gedanke, sich mit den Plünderern zu verbinden. Doch Kara Ben Nemsi und Halef, plötzlich schwer erkrankt, widerstehen der Versuchung. Sie schaffen es mit einem kühnen Sprung, die Vergangenheit hinter sich zu lassen. Kara Ben Nemsi kommt zum Ustad, dem Meister, der über das Volk der Dschamikum herrscht. Man darf hinter dem Meister das andere Ich Karl Mays vermuten, denn hier nun legt er seine alte Identität ab. Old Shatterhand und Kara Ben Nemsi werden aufgegeben, weil sie in dieser Form nicht mehr brauchbar sind. »Dieses so oft verspottete und so leidenschaftlich verhöhnte ›Ich‹ in meinen Werken war nicht die ruhmeslüsterne Erfindung eines wahnwitzigen Ego-Erzählers, welcher unglaubliche Indianer- und Beduinengeschichten schrieb, um sich von den Unmündigen und Unverständigen beweihräuchern zu lassen, sondern unglaublich, unglaublich, über alle Maßen unglaublich ist nur die Blindheit derer gewesen, die einen solchen Wahnsinn für möglich hielten, weil sie sich in den Irrtum hineinlogen, daß diese meine Bücher nur zur vagen Unterhaltung der unerwachsenen Jugend, nicht aber ganz im Gegenteil für die geistigen Augen klar und ruhig denkender Leser geschrieben seien …« Da zeigt sich freilich der alte Aufschneider, der es nicht lassen kann.

Aber was in den früheren Werken ganz sicher nicht vorhanden war, hier wird es inszeniert als eine Welt der Bilder und Symbole, die vielfach deutbar sind. Und so

Das war ein Ritt, an den ich noch heute am liebsten gar nicht denken mag. Winnetous Tod hatte mich so tief ins Leben getroffen, daß ich ein ganz anderer geworden war. Sonst immer heiter und voller Vertrauen auf mich selbst, brachte ich es jetzt nicht zum leisesten Lächeln, und aller Lebensmut schien mir abhanden gekommen zu sein. Ich wollte allein mit mir sein und mied die Menschen, und mußte ich auf meinem einsamen, weiten Ritte ja einmal in einem Fort oder einer Ansiedelung vorsprechen, so that ich dies in kürzester Weise und machte mich so schnell wie möglich wieder davon.

*›Im Reiche des silbernen Löwen‹ in der ›Hausschatz‹-Ausgabe (1896)*

geht es auch auf diesen mehr als tausend Seiten weiter, alles existiert als vordergründige Handlung und in Meta-Bedeutungen. Da steigen als »Hohes Haus« auch die alten Gefängnismauern wieder auf, aber zugleich auch als Mauern, die das wirkliche Leben verhindern. »Signalmarken eines Lebens«, »mythisch-mystische Überhöhungen« hat Hans Wollschläger solche Zeichensetzung genannt. Und nur auf solche Weise sind die vielfältigen Anspielungen, Bilder und Symbole zu deuten. Das Credo: Der alte Karl May lebte nicht mehr, ein anderes, höheres Leben begann, in dem Roman »Das Hohe Haus« schrieb er nun »ganz anders als bisher«. Und in solchem Licht sollten dann auch seine späten Werke gesehen und gelesen werden.

Nun wandelte er also auf neuen Pfaden. Die Zeit des Kara Ben Nemsi, die Zeit Old Shatterhands existierte nurmehr als Vorgeschichte, als Einübung wirklichen Menschtums, der Aufstieg zum Edelmenschen wurde möglich. Hatten seine Leser, denen er in einem Gedicht zum 61. Geburtstag 1903 gleich noch ein paar Wegweiser mitlieferte, das verstanden? Der Roman, im Wesentlichen im Winter 1902/03 in Riva am Gardasee geschrieben und am l0. September 1903 abgeschlossen, rief kaum Begeisterung und wenig Verständnis hervor. Die Antwort der Leser, der Kritik: betretenes Schweigen. Doch die Feinde ruhten nicht, sie bliesen erneut zur Jagd.

# Schatten der Vergangenheit

Karl May auf dem Weg in die große Literatur? War er auf dem Weg von Winnetou zum silbernen Löwen ein anderer Autor geworden, der seine bisherige literarische Vergangenheit hinter sich gelassen hatte? Und waren damit auch die Lebenssituationen vergessen, Gefängnis und Schundschreiberei, hatte es sie vielleicht nie gegeben? Hatte man hier nun einen Meister vor sich, der seine früheren Werke als Vorübungen ansah, »um mich und meine Leser einzuüben«? Das Publikum war da anderer Meinung. Die einen weinten dem Abenteuerschriftsteller nach, die anderen witterten in den neuen Werken irgendwelchen Unrat. Nach den erfolgreichen Jahren begann die Zeit der Desillusionierung, die Zeit der Demütigungen. Wie in früher Jugend waren es wieder gerichtliche Auseinandersetzungen, die Karl Mays Lebensstationen prägten.

Dabei sah alles zunächst ganz rosig aus. Karl May glaubte endlich die Ausdrucksform gefunden zu haben, die ihm entsprach. In dem schon genannten Gedicht an seine treuen Leser und Freunde teilte er seinen lieben Gratulanten mit, was sie erwartete:

>»Und wer mir weiter folgt, wohin ich gehe,
>dem wird sich bald die goldne Pforte öffnen
>zu jenem fernen und doch nahen Reich …«

München, 25. Mai. Karl May teilt der »Augsburger Postzeitung« mit, daß er gegen den Pater Dr. Expeditus Schmidt wegen dessen Behauptung, er habe »zu gleicher Zeit unsaubere Kolportageromane und frömmelnde Muttergottes-Geschichten geschrieben«, Beleidigungsklage erhoben hat. Das kann eine interessante Verhandlung geben.

*›Frankfurter Zeitung‹ (25.5.1910)*

64   ›Das Gewissen‹. Gemälde von Sascha Schneider

Wie es in dem fernen Reich aussah, würde man noch erfahren. Im nahen Reich war der Meister erst einmal damit beschäftigt, seinem bisherigen Œuvre ein neues Aussehen zu verleihen. Die bunten Bilder auf den Umschlägen
seiner Bücher waren ihm zu grell, vor allem aber suggerierten sie den Lesern nicht, dass es sich bei den so genannten ›Reiseerzählungen‹ um Vorübungen zum eigentlichen Werk handelte.

May und Schneider waren altersmäßig wie Vater und Sohn. Und
May hatte auch gegenüber dem berühmten Maler so empfunden. Seine Briefe sind von unverstelltem Wohlwollen und von
herzlichsten Gefühlen bewegt. May war überzeugt, und wir können ihm heute darin recht geben, mit der Gewinnung von
Sascha Schneider ein Jahrhundert-Gesamtwerk geschaffen zu
haben … Ein Gesamtkunstwerk, wie es dem Zeitgeist entsprach.
*Hans-Gerd Röder, ›Sascha Schneider‹ (1991)*

Da kam ihm der Zufall dabei zu Hilfe, seinem Werk in des Wortes direkter Bedeutung ein neues Gewand zu schneidern. Auf einer Kunstausstellung sah er Bilder des Malers Sascha Schneider. Dieser hatte seit 1891 an der Dresdner Kunstakademie studiert, aber dann sein Studium abgebrochen, um als freischaffender Künstler zu arbeiten. Schon bald erntete der Maler für seine großartigen symbolischen Aktbilder Anerkennung und Erfolg. Ausgehend vom Jugendstil setzte Schneider diese Kunstrichtung in eine Bildauffassung um, die an dem Werk seines Lehrers Max Klinger orientiert war. Karl May spürte, dass in diesen Bildern seine eigene Welt- und Kunstsicht Gestalt angenommen hatte. Er suchte Schneider auf, der seit 1904 Professor für Aktmalerei an der Kunsthochschule in Weimar war und erwarb das große Bild ›Das Gewissen‹, das nun seinen Platz im Empfangssalon der »Villa Shatterhand« bekam. Vor allem aber gewann er den Künstler dazu, neue Titelbilder für seine Werke zu entwerfen.

Verleger Fehsenfeld bemerkte dazu säuerlich: »Der May und seine Bücher sollen ein höheres Aussehen bekommen, und zwar vor allem bildlich. Der sie geschrieben hat, war ja ein anderer, als man dachte, und nun man ihn wohl kennen lernen wird, will er auch endlich zeigen, was sie sind, und wünscht für sie ein anderes Gewand, das unserer würdig ist als das bisheri-

65  Karl Mays ›Durchs wilde Kurdistan‹ in der Umschlagsillustration von Sascha Schneider

66    Karl May und Sascha Schneider um 1904

ge.« So posierten nun nackte Edelmenschen auf den Umschlagbildern, eine muskulöse Männergestalt zog einen Dornenvorhang zur Seite, ehe man ins ›wilde Kurdistan‹ kam, und der Weg ›Durch die Wüste‹ wurde von einer Lichtgestalt eröffnet, die auf einen Nackedei mit der Silberbüchse zutrat. Fehsenfeld wusste, was er davon zu halten hatte: Bereits die ›Himmelsgedanken‹ hatte er mit Skepsis verlegt, dann folgte die merkwürdige Wandlung im ›Silbernen Löwen‹, und nun vollzog sich auch noch die hehre Verwandlung des frühen Werkes. Fehsenfeld druckte also nur Teilauflagen in der neuen Ausstattung, ansonsten blieb man bei den bewährten Altausgaben, die

**Sascha (eigtl. Rudolf Karl Alexander) Schneider** (1870–1927) wurde in die Deutschenkolonie von St. Petersburg hineingeboren. Noch in seinem Kindesalter siedelte die Familie nach Dresden über. Dort besuchte Schneider die Kunstakademie. Politisch interessiert, versuchte er, den Reformideen der Jahrhundertwende in seinen stark symbolistisch geprägten Bildern Ausdruck zu verleihen. 1893 brach er sein Studium ab und tat sich mit dem Dresdner Maler Richard Müller in einem Gemeinschaftsatelier zusammen. Ab 1898 schuf er für

sich weiterhin gut verkauften. Karl May war es zufrieden, denn so wurde zumindest seiner engeren Lesergemeinde deutlich, was er wirklich gewollt hatte und nun realisierte.

Sascha Schneider blieb Karl May bis zu dessen Tod ein treuer und uneigennütziger Gefährte, nach Richard Plöhn war dies der zweite wirkliche Männerfreund. Und Freunde konnte May in jenen Jahren gut gebrauchen. Denn die Wirklichkeit seiner Freund- und Feindwelt im Buch verwandelte sich nun in eine Lebensrealität. Er war umringt von Feinden, da nützten Bärentöter und Henrystutzen wenig.

Er hatte Fehsenfeld gebeten, die Buchausgabe seines jüngsten Werks samt einer freundlichen Lobschrift des Dresdner May-Interpreten Max Dittrich, der später die Fronten wechseln sollte, an wichtige Tageszeitungen zur Besprechung zu senden. Diese freundliche Gabe erreichte auch den ›Dresdner Anzeiger‹. Hier nun bekam eine Dame namens Marie Silling Mays Buch in die Hand. In der Ausgabe vom 30. April 1904 erschien ihre vernichtende Rezension. Sie war für die Besprechung von Jugendbüchern zuständig und hatte natürlich vom Symbolgehalt des ›Friede auf Erden!‹ nichts verstanden. So bürstete sie das Opus als eine ganz und gar unmögliche Schwarte ab: »Die unmöglichen Chinesen und Malayen, die unglaublichen Missionare, der alberne Governor of Ceylon sind zweifellos alle auf einem anderen Himmelsstern als dem unsrigen geboren ...« Freilich, dieses »rund sechzig Jahre alte, unverheiratete Fräulein aus Stettin«, wie Karl May seine Opponentin abqualifizierte, hatte in einer Hinsicht den Kern des Ganzen durchschaut, wenn

---

öffentliche und private Gebäude u. a. in Leipzig, Jena, Weimar, Köln, Dresden und Florenz großformatige Wandgemälde. 1904 nahm er eine Professur für Aktmalerei in Weimar an, gab diese aber bereits vier Jahre später auf, um als freier Künstler nach Florenz zu gehen. Bei Kriegsausbruch siedelte er nach Dresden über, wo er bis zu seinem Tod blieb. Die Nachkriegsjahre waren produktiv, dennoch geriet er mit seiner künstlerischen Ausrichtung zunehmend ins Abseits. Heute ist Sascha Schneider ein weitgehend vergessener Maler.

sie schrieb, dass »Karl May nur eine Täuschung aufrecht-
erhält und sie in Wirklichkeit verwandelt, daß er nämlich
alle geschilderten Heldentaten selbst ausführte«. Das war
des Pudels Kern: Erlebnis oder Erfindung, die gefährliche
Geschichte eines Autors, der seine erlebte Wirklichkeit
verdrängte und versteckte und dafür eine Scheinrealität
installierte. Wer war er nun: Old Shatterhand oder Karl
May?

Also kein Friede auf Erden. May ärgerte sich furchtbar
über diesen Verriss, wenn er es auch nicht zugeben wollte. Er verhalte sich gegen die ältliche Dame nach dem Rat
Wilhelm Buschs, behauptete er: »Im Gesichte Seelenruhe,
an den Füßen milde Schuhe«. Doch er trompetete ziemlich heftig und mit zornentstellten Zügen los. Bald wurden auch die dunklen Hintermänner sichtbar: Prof. Dr.
Paul Schumann, verantwortlicher Redakteur im ›Dresdner Anzeiger‹, der später einmal zugab, dass er seit länge-
rem »gnadenlos und fanatisch den Kampf gegen Karl
May« führte, verteidigte nicht nur seine Rezensentin. Er

Man hätte meinen sollen, daß der literarische Spekulant Karl
May nach gewissen Enthüllungen sich in den einsamsten Winkel
seiner Villa Shatterhand verkriechen würde. Trotzdem taucht er
jedes Jahr zu Weihnachten von neuem auf. Diesmal mit einer
»arabischen Phantasie in zwei Akten«, die er »Babel und Bibel«
nennt. Angepriesen wird dieses Werk, das den »Leser und Hörer
ganz unbemerkt aus der sinnlichen Welt in die Welt der Ideale
hinüberführt und alles, was die Gegenwart versagt, von der Zukunft erhoffen läßt«, von der klerikalen Zeitschrift Der Kunst-
freund in Innsbruck. Die klerikale »Kritik« hat sich mit Karl May
anscheinend noch nicht genug blamiert. Seine Lebenskraft
schöpft dieser noch immer aus den Empfehlungen, mit denen
sich die deutschen Bischöfe ein literarisches Testimonium papuer-
tatis ohnegleichen ausgestellt haben. Der so betrübende Mangel
an literarischer Bildung in weiten Volkskreisen ist ja überhaupt
darauf zurückzuführen, daß von kirchlicher Seite dem Volke Autoren und Bücher bloß ihrer katholisierenden Richtung wegen
empfohlen werden, mögen sie auch sonst zum Schund gehören.
So werden denn wohl auch diejenigen nicht so bald alle werden,
die einem Karl May auf den Leim gehen.

*›Frankfurter Zeitung‹ (15.12.1906)*

holte auch die Leichen aus dem Keller, es gab ja genügend: den falschen Doktortitel, die falschen Angaben im Kürschner über das Sprachgenie May, die ganzen Prozesse und Kolportagen – nichts wurde ausgelassen. Und May schoss mit gleichem Kaliber zurück. In mehreren Zeitungen, darunter in den ›Dresdner Nachrichten‹, dem Konkurrenzblatt des ›Anzeigers‹, ließ er ganzseitige Anzeigen als ›Offene Briefe‹ an Feind Schumann drucken, der nun seinerseits heruntergeputzt wurde.

Die Hintergründe dieser Fehde liegen auf der Hand: Natürlich war der Erfolg der Werke Mays militanten Volksaufklärern und Kunstaposteln wie Schumann oder seinem Mitgenossen Avenarius ein Dorn im Auge. Sie propagierten eine didaktische Kunstauffassung, die eine

67   Karl May
um 1904

Literatur à la May verdammen musste. Und schließlich war es wohl auch ganz einfach Neid: Der verteufelte Autor lebte in einer prächtigen Villa, das konnte den selbstberufenen Kunstwarten nur missfallen.

Unglücklicherweise war dies nicht die einzige Front, an der May zu kämpfen hatte. Auch der wohlbekannte Herr Fischer, der den Münchmeyer-Verlag gekauft hatte, bereitete ihm neues Ungemach: Er hatte den alten Kolportageroman ›Der verlorene Sohn‹ mit einem neuen Untertitel versehen: ›Roman aus dem Leben Karl Mays‹. Das hatte May ja gerade noch gefehlt, dass man die alte Kitschgeschichte sozusagen als geheime Biografie des Meisters verkaufte. Es war ja wirklich eine Frechheit, mit solcherlei Hinweisen Werbung zu betreiben. Allerdings hatte May seit langem selbst die Zündschnur zu dieser Bombe gelegt, als er immer wieder betonte, dass seine Reiseromane eigenes Erleben schilderten. War da der ›verlorene Sohn‹ eine Ausnahme? May argumentierte wenig überzeugend: »Was ich in meinen 30 Fehsenfeldschen Reisebänden erzählt habe, gilt als selbsterlebt. Es bedurfte nur der Fischerschen Veröffentlichung an den deutschen und ausländischen Buchhandel, so glaubte die gesamte Leserwelt, dass auch dieser ›Verlorene Sohn‹ nur Selbsterlebtes enthalte, und betrachtete mich dem zufolge als einen jener ›Verlorenen‹, die sowohl durch ihr romantisches Leben als auch durch die Ungewöhnlichkeit ihres Untergangs das Entzücken aller Schund-Abonnenten erregten.« Das war hübsch geschrieben, bewirkte aber wenig. Interessanter in diesem Zusammenhang war ein anderes Faktum: May behauptete nicht länger: »Ich bin Old Shatter-

**Rudolf Lebius** (1868–1946). Der Sohn eines Tilsiter Getreidehändlers studierte Jura, Philosophie und Zahnmedizin, ohne einen Abschluss zu machen. Als mit dem Tod des Vaters 1892 seine Finanzquelle versiegte, begann er als Journalist zu arbeiten. Durch die Familie Wilhelm Liebknechts kam er zur SPD und schrieb Artikel für deren Organ ›Vorwärts‹. Diese Karriere endete jedoch bald mit einer Verleumdungsklage. Lebius wurde Redakteur der Zeitschrift ›Sachsenstimme‹, die er schließlich kaufte. Doch auch hier hatte er keine

68    Rudolf Lebius

hand.« Er ließ vielmehr offen, ob seine Reiseromane eigene Erlebnissen waren oder nur dafür galten. Rückzugsgefechte im Kugelhagel, könnte man sagen, aber es sollte noch schlimmer kommen.

Ein neuer Feind trat auf den Plan: Rudolf Lebius. Das war nun wirklich eine Geschichte für sich. Hans Wollschläger hütet sich in seiner May-Biografie, die Wahrheit über diesen Mann offen zu legen, da noch Nachkommen von ihm leben. Doch einige Fakten aus dieser Schlammschlacht sind hier unerlässlich.

Da kam unter dem Datum des 7. April 1904 eine Postkarte in der »Villa Shatterhand« an, in der ein »Verleger und Herausgeber« Rudolf Lebius für ein von ihm heraus-

glückliche Hand – das Blatt geriet in Geldnot. Lebius wandte sich wegen eines Darlehens an Karl May, das dieser ihm trotz eines Erpressungsversuchs nicht gewährte. Nun begann zwischen May und Lebius, den May als »Karl-May-Töter« bezeichnete, eine Dauerfehde, die eine Flut von Artikeln, Büchern und Prozessen hervorbrachte. Als Karl May starb, verstummten Lebius' Angriffe – ihm war der Erzfeind genommen, und er äußerte sich nie wieder über den Autor. Lebius starb im Jahr 1946, völlig vergessen, in Berlin.

gegebenes Blatt um einen Beitrag von Karl May bat. Außerdem signalisierte er Interesse an einem Interview des Autors. May, der jede Nachricht, die seiner Eitelkeit schmeichelte, mit Freuden aufnahm, lud den Herrn ein. Dieser erschien auch, und fortan flatterten freundliche Briefe von Lebius zu May und von May zu Lebius. Und nun begegnen wir Max Dittrich wieder, der gerade in Mays Auftrag an der oben erwähnten Lobeshymne schrieb. Lebius wollte sie verlegen, was May jedoch ablehnte. Er behauptete außerdem, dass der Herr Lebius bei einem Besuch in jenen Tagen eine Fotografie gestohlen habe und verbat sich weitere Besuche und Briefe. Aber so leicht ließ sich Lebius nicht abschütteln. Er bat nun um ein Darlehen, schaltete auch Dittrich wieder ein und ver-

suchte sich schließlich als anonymer Briefschreiber. Als dies alles nichts nützte, verfasste er seine erste Attacke auf Karl May: ›Mehr Licht über Karl May‹. Der Artikel erschien in der von ihm herausgegebenen ›Sachsenstimme‹ und war nun wirklich ein übles Elaborat, May rechnete nach, dass es sich dabei um 70 moralische Unsauberkeiten und mindestens 42 mehr oder weniger boshafte Unwahrheiten auf 200 Zeilen han-

69 Der Schriftsteller Max Dittrich (1844–1917)

delte. Schon im Untertitel wurde behauptet, May habe ein Jahreseinkommen von 160 000 Mark. Dieser verdiente zwar nicht schlecht, aber hier wurde einfach eine Summe erfunden. Ebenso Lebius' Phantasie entsprungen war die Mitteilung, dass sich May für 60 000 Mark zwei Marmorbüsten anfertigen lasse. Und auch Fehsenfeld wurde nicht geschont, der besaß nun plötzlich ein Jagdschloss im Schwarzwald.

In diesem Stil ging es weiter. Da May jedoch keinen Pfennig von seinen angeblichen Millionen an den Erpresser herausrückte, setzte dieser sein übles Spiel fort. Bald prangten in den Dresdner Buchhandlungen Plakate, auf denen es um ›Die Vorstrafen Karl Mays‹ ging. Lebius war bei einem Dresdner Beamten zum Essen eingeladen gewesen, und bei Tisch hatte man freimütig über das Vorstrafenregister Mays geplaudert. Dieses gelangte nun in Lebiusscher Fassung an die Öffentlichkeit: »Die vier Jahre, die Herr Karl May in Waldheim verbüßte, waren nach unserer Information die Folge eines Einbruchsdiebstahls in einen Uhrenladen.« Eine infame Lüge also, mit einem leichten Anklang an die tatsächlichen Vorgänge. Klagen, Prozesse, eine unendliche Geschichte, die sich bis zu Mays Tod hinziehen sollte.

Das Schlimmste passierte nun in dem Prozess am Dresdner Amtsgericht. Es war eine bühnenreife Szene: Rechtsanwalt Bernstein versuchte, dem Vorsitzenden Richter die Akten zuzuklappen, damit Lebius das Register der Vorstrafen von May nicht mitstenographieren konnte. Denn eines wollte May um jeden Preis verhindern: »Auf keinen Fall darf ich in den furchtbaren Fehler

Die Leser *wollten* an ihren Old Shatterhand glauben, wollten seine Reisen und Abenteuer wahr wissen. Und wenn er dann diesem bestechenden Herzensbedürfnis seiner Gemeinde nachgebend, mit Flinten und Photographien und Briefen und anderen Flunkereien unhaltbare Wahrheitsbeweise schuf, so scheint mir das eine ebenso unschuldige und im Grunde liebenswürdige Lüge, wie daß er sich Doktor nannte.

*Berthold Viertel, ›Strom‹ (1912)*

verfallen, vor dem versammelten Berichterstattervolk die
Vorstrafen zuzugeben. Es würde das mein ganzes Lebenswerk vernichten, und ehe ich das zugebe, will ich lieber
sterben.« Und doch war es nun geschehen. Und nichts
war zu Ende.

1906 erschien ein neues Werk von Karl May, ›Babel und
Bibel‹, ein Drama in mehrfacher Hinsicht. ›Arabische
Fantasie in zwei Akten‹ nannte er das Stück. Auch wenn
einige ernst zu nehmende May-Anhänger der Ansicht
sind, dass es den Mantel des Schweigens nicht verdiene,
so muss man doch eine gehörige Portion guten Willens
aufbringen, um hinter dem Schwulst, der sich hier sze-

70   Karl May
um 1906

nisch darbietet, etwas mehr als nur beste Absichten zu erkennen.

Da begegnen wir Abu Kital, der Abendland und Christentum besiegen will. Aber Marah Durimeh und dem Scheik der Todeskarawane gelingt etwas, das in der Wirklichkeit der Welt nur ausnahmsweise glückt: Sie überzeugen den Bösewicht und Kämpfer, Frieden zu halten. Und der »Vater des Kampfes« begibt sich in die Geisterschmiede, wo er zum Edelmenschen geläutert wird. Marah Durimeh, die Kurdenkönigin, war als eine Art Friedensstifterin schon durch andere Bücher des Autors gegeistert.

Die Reaktion auf diesen Theaterversuch, der bis heute nie die Bretter, die die Welt bedeuten, erreichte, fiel jedoch ganz und gar ablehnend aus. May schrieb dazu in seiner Autobiografie: »Ich habe ein einziges Mal etwas Künstlerisches schreiben wollen, mein Babel und Bibel. Was war die Folge? Es ist als elendes Machwerk bezeichnet und derart mit Spott und Hohn überschüttet worden, als ob es von einem Harlekin oder Affen verfaßt worden sei. Da weicht man zurück und wartet auf seine Zeit. Und diese kommt gewiß.« Während er wartete, sollte er sich nicht langweilen – die Dresdner Feinde hatten noch allerlei Überraschungen in petto.

Am 9. November 1907 klingelte es an der Tür der »Villa Shatterhand«. Auch wenn sich May zunächst verleugnen ließ, die drei Kriminalbeamten verwiesen auf ihre Legitimation zur

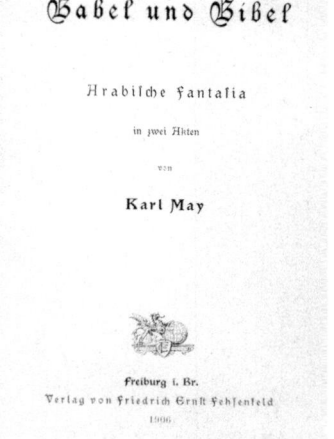

71 ›Babel und Bibel‹. Die Ausgabe aus dem Jahr 1906

Haussuchung und drangen bis zum Hausherrn und seiner
Gattin vor. Es ging um den Verdacht auf Meineid. May
wurde vorgeworfen, am 11. Februar 1907 einen falschen
Eid vor der Zivilkammer des Landgerichtes Dresden ge-
schworen zu haben. Das war nun schon starker Tobak,
wie es eine seiner sächsischen Romanfiguren wohl ausge-
drückt hätte. May war zutiefst empört. Die Beamten
durchsuchten mit amtlicher Gründlichkeit alle Räume und
förderten auch das berühmte »Doktor-Diplom« zutage,
das ja bald nur noch ein Stück nutzloses Papier sein sollte.
Die angebliche Deutsch-Amerikanische Universität Chicago war, wie sich herausstellte, ein Schwindel des amerikanischen Friseurs John Malok. Karl May war also nackt
und bloß, der Doktortitel dahin.

72   Karl May auf
seiner Amerika-
Überfahrt 1908

73   Karl May mit dem Shaker Otto Thümmel und seiner Familie bei der Maisernte

Trotz Durchsuchung und Postsperre, so recht konnte man May die Anschuldigungen nicht nachweisen. Man fand zwar heraus, dass er mit einer Reihe von Leuten in Kontakt stand, die als Zeugen aussagten, dass er sie eingeladen und ihnen Geldgeschenke gemacht hatte. Aber das hatte es ja anderswo auch gegeben. Nun gut, das war eine Ruhepause für den Getriebenen. Da entschloss er sich, mit Klara nach Amerika zu reisen. Am 5. September 1908 ging es auf dem »Großen Kurfürsten« des Bremer Lloyd nach New York, wo man am 16. September ankam. Nach heutiger Kenntnis betrat Karl May nun zum ersten Mal jenen Kontinent, den er so oft in seinen Büchern beschrieben hatte. Man tat das, was man auch schon im

May reiste erstmals 1908 **nach Amerika**. Er traf am 16. September 1908 in New York ein und hielt sich insgesamt 41 Tage in der Neuen Welt auf. Am 21. September fuhr er auf dem Hudson River nach Albany und besichtigte in Buffalo die Statue des Seneca-Häuptlings Sa-go-ye-wat-has. Am 5. Oktober traf May bei seinem alten Schulfreund Ferdinand Pfefferkorn in Lawrence, Massachusetts, ein und kehrte am 24. Oktober über Boston zurück nach New York. Über England reiste er Anfang November wieder nach Deutschland zurück.

Orient gemacht hatte: Sightseeing, wie man es heute nennt. Als Klara später einmal gefragt wurde, ob ihr Mann das Land schon einmal bereist habe, antwortete sie: »Ich kann es nicht beweisen, aber ich habe das bestimmte Gefühl, daß mein Mann in dieser Gegend einmal gewesen ist. Merkwürdig, daß die eigene Gattin nicht genauen Aufschluß darüber geben kann, nicht wahr? Aber auch merkwürdig für jemand, der die Eigenart meines Mannes nicht kennt. Karl May lebte ein Traumleben in seinen aus Wahrheit und Dichtung zusammengesetzten Büchern. Außerhalb dieser Bücher gab er nicht gern und auch dann nur unbestimmte Antwort auf diesbezügliche Fragen. Er trat aus der Welt, die er sich selbst geschaffen hatte, ungern heraus, auch mir gegenüber. Ich hatte das bald erkannt und lernte, mich darein zu fügen und meiner Neugier Zügel anzulegen.«

Das war nicht schlecht gesagt, so konnte man sich aus den drängenden Fragen der Gegenwart in die »Traumwelt« zurückziehen. Zunächst ging es erst einmal nach Albany, da unternahm man eine Fahrt in die Siedlung der Shaker. Dann reisten sie nach Buffalo und übernachteten im »Clifton House« auf der kanadischen Seite der

**Wahrheit ...**
Wir waren am Nachmittag angekommen und machten gleich noch an diesem Tag die zwei bekannten Fahrten, die jeder Besucher der Niagarafälle unbedingt machen muß. Es ist eine Bahn- und Dampfbootfahrt. Das Geleise der Bahn geht hart am kanadischen Ufer des Niagara hinab und dann drüben am Vereinigten-Staaten-Ufer wieder herauf. Tief unten kocht und brodelt der Strom; die Felsen steigen senkrecht in die Höhe, und die Schienen der Bahn liegen oft höchstens zwei Meter von der Kante des Abgrunds entfernt ...

*Karl May, ›Winnetou IV‹ (1909), S. 34*

**... und Erfindung**
Mit diesen Worten sprang der Comanche auf mich ein, doch wich ich einen Schritt nach rechts, faßte ihn an der Seite und warf ihn zur Erde. In-schu-inta, der Riese, kniete ihm auf die Brust und überwältigte ihn ohne alle Mühe.

*Karl May, ›Winnetou IV‹ (1909), S. 266*

Niagarafälle. Sie machten Ausflüge, auch zum Grab von Sa-go-ye-wat-has, und bei den Tuscaroras-Indianern schoss man Aufnahmen vor einem Rindentipi. Nun konnte man etwas vorweisen – May war also tatsächlich bei den Indianern.

Klara sollte später noch allerlei Unsinn behaupten. Er habe sie einige Tage im Hotel zurückgelassen, um seine alten Freunde, die Apachen, wiederzusehen. Sie sagte nicht direkt, dass er bei den Indianern war, geschickt, wie sie war im Legen falscher Fährten. Sie hatte es einfach vergessen, wohin ihr Mann damals für einige Tage verschwunden war. Vermutlich saß er die ganze Zeit auf dem Hotelsofa. Er selbst hatte wohl wenig Interesse an solchen Spielchen.

74  In Lawrence (Massachusetts) mit seinem Schulfreund, Ferdinand Carl Ludwig Pfefferkorn (1841–1916)

75   Arno Schmidt

Dann ging es weiter zum alten Freund Dr. Pfefferkorn, der aus Hohenstein-Ernstthal stammte, und den gab es nun wirklich in Lawrence in Massachusetts. Dort blieb man einige Wochen und ruhte sich aus von Europa. Schließlich wurde ein Abstecher nach Andover unternommen, wo man Haus und Grab von Harriet Beecher-Stowe besichtigte. Diese Kämpferin gegen die Sklaverei war ja auch ein Beispiel eines Edelmenschen, wie der Meister anmerkte. So also sah die Reise zu den Schauplätzen seiner amerikanischen Bücher aus.

Schließlich schiffte man sich wieder auf der »Kronprinzessin« ein, und da in Amerika nicht viel passiert war, ließ Klara auf der Seefahrt noch einen gewaltigen Sturm

> Als Karl May 57 Jahre alt geworden war, wurde er der Unterhaltungsschriftstellerei müde, die er bis dahin mit etwas betrieben hatte, das man ›exemplarischen Fleiß‹ nennen möchte, wäre das 50-bändige Ergebnis nicht gar so flach & falsch geraten, und begab sich bewußt daran, der Lesewelt nunmehr ernstlich zu beweisen, was er literarisch zu leisten vermöchte.
> *Arno Schmidt, ›Winnetous Erben‹ (1959)*

aufziehen. Der Held saß unterdessen auf dem Deck, das alle anderen Mitreisenden längst verlassen hatten, mutig den Elementen trotzend.

Die Mays verbrachten noch ein paar Tage in England und trafen im Dezember 1908 wieder in Radebeul ein. Nun konnte Karl May guten Gewissens seine Erfolgsstory noch einmal aufwärmen – Winnetou wurde wiedererweckt. Schon in Amerika hatte er daran gedacht, diese Gestalt in sein neues literarisches Gebäude einzufügen. Er hatte es ja bereits mehrfach deutlich gemacht, dass alle seine früheren Bücher nur Vorstufen des eigentlichen Werks waren, das er mit ›Und Friede auf Erden!‹ und den beiden letzten Bänden des ›Silbernen Löwen‹ begonnen hatte. So entstand ›Winnetous Erben‹, das als Fortsetzungsroman erstmals in der ›Augsburger Postzeitung‹ abgedruckt wurde. Als Buchausgabe erschien es dann unter dem Titel ›Winnetou 4. Band‹ bei Fehsenfeld, der ja gar zu gern an die alte Erfolgsgeschichte anknüpfen wollte. Doch das Buch ist keine Abenteuergeschichte, wenn sich auch die bekannten Figuren wiederfinden.

Old Shatterhand ist mit seiner Frau nach Amerika zurückgekehrt, und im »Hotel zum Wilden Westen« an den Niagarafällen begegnet er den beiden Söhnen seines Erzfeindes Santer. Sie wollen Old Shatterhand den feindlichen Sioux ausliefern und die Schuld des Vaters sühnen. So kommt es zum Streit um ein Denkmal für Winnetou. Freunde und Feinde, sie alle treffen sich hier am Mount Winnetou, wo man über das Denkmal entscheiden will. In all dem Getümmel braucht es diesmal keinen Henrystutzen, denn Old Shatterhand hat eine viel wertvollere

---

Und darin gerade zeigt sich die echte, die wahre, die heilige Kunst. Das ist etwas ganz anderes als jene wohlfeilen Wirkungen einer zweifelhaften Moderne, die mit grellen Farbentönen, nackter Roheit und ekelhafter Schlüpfrigkeit auf die niedrigsten Instinkte der Menge spekuliert. Das ist christliche Kunst.
*Franz Sättler, ›Ardistan und Dschinnistan‹ (1910)*

Waffe ausgegraben, das echte Testament Winnetous. Dessen Inhalt erfährt der Leser allerdings nicht, denn da ist noch ein weiterer Band geplant. Aber nun geht es erst einmal in den Kampf: Old Shatterhand muss gegen die feindlichen Häuptlinge antreten. Klara verhindert, dass die Feinde ihn töten, das falsche Denkmal stürzt zusammen, und am Schluss erscheinen lauter junge Winnetous und Winnetas, um das wirkliche Erbe des Verblichenen anzutreten.

Aber das war Dichtung, die Wirklichkeit sah anders aus. Schon 1907 hatte May den Roman ›Ardistan und Dschinnistan‹ begonnen, den er 1910 abschloss. Und natürlich war er auch hier wieder ein Interpret seiner selbst: »In diesen beiden Bänden betätigt sich Karl May nicht als das, wofür man ihn in gewissen Kreisen zu halten pflegt, sondern als das, was er in Wirklichkeit ist: Der Entdecker vollständig neuer Sujet-Welten … Ein Jeder, der sich mit den Lebensfragen und mit der Zukunft des Menschengeschlechtes beschäftigt, sollte es gelesen haben.« Es hatte ja damit begonnen, dass May auf Bitten des ›Deutschen Hausschatzes‹ bereits Anfang 1907 eine Zusage für die Erzählung ›Der Mir von Dschinnistan‹ gegeben hatte. Im November 1907 begann der Abdruck in der Zeitschrift. Aber das Unternehmen wurde kein Erfolg. Die Redaktion bedrängte May, Texte zu liefern, die dann »bearbeitet« wurden, denn die Leser waren ziemlich enttäuscht von dem, was ihnen hier als Karl-May-Geschichte geboten wurde. »Daß der Mir nicht allen Ihren Lesern gefällt, das glaube ich wohl. Es gibt eben Leute, die nicht warten können«, bemerkte May selbst. Pustet aber schrieb in ei-

An diesem Buch ist etwas, das mag man oder man mag es nicht. Dazu gehört der gehobene Ton der Sprache, vor allem aber die allegorische Botschaft, die unserm heutigen Lebensgefühl fern und fremd ist.

*Frederik Hetmann, ›Old Shatterhand, das bin ich‹ (2000)*

nem Brief: »Abbestellungen und Entrüstungsäußerungen über die Zumutung einer solchen Lektüre sind an der Tagesordnung. Man kann ohne Übertreibung sagen, der Hausschatz ist ruinirt; er hat in katholischen Kreisen alles Vertrauen verloren.« May antwortete ausgiebig auf hundert Seiten und blieb bei seiner Meinung, dass es sich um »ein hohes Lied auf die wahre Humanität« handele. Mit Manuskriptseite 2050 war am 6. Juli 1909 endlich das Werk abgeschlossen. Und schon wenige Tage darauf machte sich May an die Vorbereitung der Buchausgabe. Am 18. Juli 1909 schickte er an seinen Verleger Fehsenfeld die ersten Kapitel, und schon im September hatte er den Text für die beiden Bände vollständig abgeliefert, die Bücher konnten rechtzeitig zum Weihnachtsgeschäft erscheinen. Bis 1967 wurden immerhin 260 000 Exemplare ver-

76  ›Ardistan
und Dschinnis-
tan‹, 1. Band
(1909)

77   Glückwunschkarte von Karl und Klara May zum neuen Jahr
1909

kauft – es bleibt aber offen, ob sie alle gelesen oder nur von den Karl-May-Fans zur Vervollständigung ihrer Sammlung erworben wurden.

Man war ja bei diesem Werk schon ein wenig vertraut mit Mays jüngstem Schaffen, jener Mischung aus bekannten Gestalten in phantastischen Gefilden: Hier nun begegnen wir Kara Ben Nemsi und Hadschi Halef Omar, die als Sendboten Marah Durimehs Sumpf und Wüste durchziehen, um einen Krieg zwischen Ardistan und Dschinnistan zu verhindern. Da ist der Gewaltmensch, der Mir von Ardistan, und der Edelmensch, der Mir von Dschinnistan, und natürlich soll der Gewaltmensch zum Edelmenschen erzogen werden. So heißt es denn gegen Ende des Romans: »Es gibt nur einen einzigen Sieg, der wirklich Sieg bedeutet; das ist der Sieg der Liebe.« Wie bereits in den Bänden des ›Silbernen Löwen‹ verknüpfen sich auch hier Versuche der Bewältigung eigener, problematischer Lebenssituationen mit dem Vorhaben, die direkten Handlungsebenen seiner frühen Bücher in philosophisch-religiöse Bildwelten zu verlegen. Die folgende Charakterisierung erteilt May nunmehr die höheren Weihen der Literatur: »Mit seinem zweibändigen Roman ›Ardistan und Dschinnistan‹ hat Karl May die Idee des neuen, symbolisch-allegorischen Schreibens in einer literaturästhetischen und epischen Geschlossenheit wie in keinem anderen seiner späten Erzählwerke verwirklicht und so

**Wetter, Mond und Sterne**
Und nun geschah, was auch daheim im deutschen Vaterlande nach so starken Entladungen häufig geschieht: Kaum waren diese Licht- und Schallerscheinungen vorüber, so hörte der Regen wie mit einem Schlage auf. Er hatte nicht länger als zwei Minuten gedauert. Nun war aber auch der feuchte Schleier verschwunden, und der Dschebel Allah lag mit seiner ganzen Umgebung wieder frei vor unsern Augen, aber nicht, wie vor der Verfinsterung des Himmels, im Scheine des Mondes und der Sterne, sondern im Glanze des Morgenrots, welches die Häupter von ›Vater‹, ›Mutter‹ und ›Sohn‹ überstrahlte und langsam an ihnen niederstieg, um dann auch uns zu umfassen.

*Karl May, ›Ardistan und Dschinnistan‹ (1909)*

die künstlerische Progression vom Reiseschriftsteller zum visionären Dichter zu einem Höhepunkt geführt.« Darüber hinaus gibt es vielfältige interessante Versuche von Karl-May-Kennern wie Hans Wollschläger, Arno Schmidt und anderen, den Kunstwerkcharakter dieses Romans in allen Details darzulegen. Wie immer man ihn auch beurteilt, der Roman wurde zu einer Art literarischem Testament des Autors. Zu den geplanten Fortsetzungen kam es nicht.

# Die letzten Jahre

Der Schießgrabensaal hat schon mancherlei gesehen und gehört, gestern abend ist ihm doch etwas Neues widerfahren. Kein Geringerer als Karl May, der große Orientalist und Indianertöter, das Ideal von tausend Gymnasiastenherzen, hat unser gutes Augsburg dazu ausersehen, die Stätte seiner etwas verspäteten oratorischen Lorbeeren zu werden …«, so war am 9. Dezember 1909 in der ›Augsburger Abendzeitung‹ zu lesen. Zu den »tausend Gymnasiastenherzen« gehörte auch ein elfjähriger Augsburger Bub, Schüler des Städtischen Realgymnasiums, der zwar den Vortrag nicht hören konnte, aber den Auftritt des Autors mit Interesse verfolgte, denn er hatte alle seine Bücher mit großem Interesse gelesen. Der Junge hieß Bertolt Brecht.

Für Karl May war dieser Auftritt eine Wohltat, die Presseresonanz ein freundlicher Blumenstrauß. Er konnte ja hier über sein Lieblingsthema reden: ›Sitara, das Land der Menschheitsseele‹. Und dass er nicht nur ein begab-

78 Anzeige aus der ›Neuen Augsburger Zeitung‹ vom 8.12.1909

ter Schreiber war, sondern auch ein guter Redner, konnte er hier unter Beweis stellen. »Er besitzt eine wenn auch nicht imponierende, so doch durchaus sympathische Erscheinung und eine Art, sich zu geben, die ihm das Interesse der Zuschauer von vornherein sichert«, heißt es in der oben genannten ›Augsburger Abendzeitung‹, auch wenn der Redakteur, der den Vortrag rezensierte, durchaus kritische Anmerkungen über den »moralischen Karl May« einfließen ließ – insgesamt war dies ein Erfolg für den gebeutelten Autor.

79   Karl May. Gemälde von
Selmar Werner (1864–1953)

Wenige Tage darauf holte sein Hauptfeind Rudolf Lebius erneut zu einem Rundumschlag aus. Er hatte sich einige Zeit in Hohenstein-Ernstthal herumgetrieben, um angeblich Stoff für humoristische Kalendergeschichten zu sammeln. An einem Stammtisch war er dabei auf den Gartenarbeiter Richard Krügel gestoßen, der ihm – ohne dass der »Kalenderschreiber« es merkte – etliche Lügen auftischte. So hatte denn Lebius reichlich Stoff, um sich im ›Bund‹, einer Zeitung der so genannten »gelben Gewerkschaften«, wieder seinem Lieblingsthema zu widmen. Am 19. Dezember 1909 erschien der Beitrag ›Hinter die Kulissen‹. Hinter diesen befanden sich vor allem die altbekannten Requisiten, Verleumdungen und Lügen. May wurde zum »Genossen« der Sozialdemokratie gestempelt, und die Jugenddelikte wurden zu ungeheuren Straftaten hochstilisiert: May sei ein Räuberhauptmann gewesen, der mit dem Bruder des Krügel die erzgebirgischen Wälder unsicher gemacht habe. May, der bereits in einer »Rudolf-Lebius-Liste« rund 239 Nummern der schlimmsten Lügen und Verleumdungen aufgeführt hatte, konnte neues Material hinzufügen. Was war es eigentlich, das diesen Lebius so auf Karl May fixierte? Als kleiner Gauner war es ihm nicht gelungen, den großen May zu erpressen. Vieles war ihm missraten im Leben, und nun wollte er sich und der Welt beweisen, dass er diesen Mann mit seinem Schein der Wohlanständigkeit vernichten konnte. Und Lebius spürte, dass er dazu auf dem besten Wege war.

Am 12. April 1910 kam es zum letzten großen Gefecht: Vor dem Königlichen Schöffengericht Berlin-Charlotten-

Kurz und gut, nach den Behauptungen des Herrn Lebius ist Karl May der unglaublichste Mensch, der augenblicklich auf Deutschlands Fluren wandelt.

›Siegener Zeitung‹, 14.4.1910

burg fand der Beleidigungsprozess des Schriftstellers Karl
May gegen den Journalisten Rudolf Lebius statt. Anlass
war eine Behauptung in einem Brief von Lebius an die
Sängerin Selma von Scheidt, in welchem er May einen
»geborenen Verbrecher« genannt hatte. Lebius hatte sich
minutiös auf die gerichtliche Auseinandersetzung vorbe-
reitet. Die zu Papier gebrachte ungeheure Beleidigung
konnte er nicht gut abstreiten, aber er hatte sich eine Erklärung dafür ausgedacht: Dies sei niemals als Beleidigung gedacht gewesen, vielmehr habe er damit Charakter
und Taten des May im Sinne der Theorie des Kriminal-
psychologen Lombroso entschuldigen wollen, »der Mann
kann nicht anders handeln, als er handelt«. Das war nun
schon ein starkes Stück verlogener Argumentation, doch
der Amtsgerichtsrat Wessel, der die Verhandlung leitete,
fand das wohl in Ordnung. Lebius hatte drei Rechtsanwälte mitgebracht, die ihm sekundierten, während May
ganz allein auf weiter Flur der Verhandlung folgte.

Alles, was an Gerichtsakten und Polizeiprotokollen existierte, wurde hier vorgelegt, dazu die Geschichte mit dem
falschen Doktortitel, das Ehescheidungsdilemma und immer wieder Gefängnis, Zuchthaus. May saß da, er konnte
nur rufen: Das ist ja alles gar nicht wahr, und das war
nicht gerade eine glänzende Verteidigung. Er hatte seinen Gegner unterschätzt. Das Gericht brauchte nur eine
halbe Stunde zur Beratung und kam zu dem Ergebnis:
Der Privatbeklagte ist freizusprechen, ihm ist der Schutz
des § 193 (Wahrnehmung berechtigter Interessen) zuzubil-
ligen. Justizirrtum oder absichtliche Rechtsverdrehung?
Jedenfalls wurden dem Verleumder »berechtigte Interes-

**Das Presseecho zum Charlottenburger Prozess**
Inwieweit die Beschuldigungen gegen May berechtigt sind, wurde also in der Verhandlung leider nicht festgestellt. Da aber auch
noch eine große Zahl anderer Prozesse schweben, darf man von
ihnen die erwünschte Aufklärung erwarten …
›Pfälzische Post‹, 14.4.1910

sen« zugestanden. Sicherlich, May hatte, sooft es ging, seine Vorstrafen verschwiegen und war oft als Hochstapler aufgetreten. Aber das alles war Kleinholz gegen die Wälder der Lüge, die Lebius hier aufgepflanzt hatte. Doch niemand wollte dies merken, niemand erkannte die Farce, die hier inszeniert worden war.

Vor allem die Presse freute sich einmal mehr über solches Futter: »Volksschriftsteller und Zuchthäusler« titelte die ›Koblenzer Zeitung‹. »Karl May – ein abgestrafter Räuber« prangte auf der Wiener ›Zeit‹. Und so weiter. Die

**Aus dem gelben Sumpfe**
Karl May gegen Lebius.
Eine der widerlichsten Erscheinungen des Kapitalismus sind die sogenannten gelben Organisationen. Nicht nur für jeden Spezialisten, jeden gewerkschaftlich organisierten Arbeiter, sondern auch für jeden anständigen Menschen. Auch die Gewerkschaftsorganisationen (…) können zu den schwierigsten Hemmnissen und Schädlingen im Emanzipationskampf des Proletariats werden. Aber die Angehörigen dieser Organisationen sind doch in ihrer übergroßen Mehrzahl nicht bewußte Feinde dieses Befreiungskampfes der Arbeiterklasse, ihr Verhalten entspringt ihrer ungenügenden sozialen Einsicht und sorgsam gepflegten Vorteilen. Die Gelben dagegen sind bewußte Feinde ihrer Klassengenossen. Sie wissen, daß sie ihre Arbeitsbrüder schädigen, ihnen bei dem Bestreben, die Gesamtlage des Berufes und der Arbeiterklasse zu heben, in den Rücken fallen, Knüppel zwischen die Beine werfen. Sie wissen, daß sie die Schutztruppe der Kapitalistenklasse sind, sie pfeifen auf jedes Gefühl der Solidarität ihrer Klasse gegenüber aus verächtlicher Streberei, aus ekelstem persönlichem Egoismus. Kein Wunder, da sie bei den sozialdemokratischen Arbeitern (…) dem gleichen Gefühle der tiefsten Verachtung begegnen. (…)

Zu denen, die den Ehrenmann Lebius in seiner ganzen Vollendung kennen lernen sollten, gehört auch der Schriftsteller Karl May, der Verfasser vielgelesener Reiseerzählungen. (…) Als Karl May (…) sich bereit erklärte in dem von Lebius gegen den »Vorwärts« angestrengten Prozeß als Zeuge aufzutreten, begann Lebius, der sich schon früher an May dafür, daß er ihm kein Geld gepumpt hatte, durch revolverjournalistische Attacken gerächt hatte, einen wüsten Vernichtungsfeldzug gegen (…) denselben Mann, den er früher angeschnorrt und angehimmelt hatte!

*Der sozialdemokratische ›Vorwärts‹, 10.8.1910*

Blätter, die noch vor einem Jahrzehnt dankbar waren, einen Text von Karl May abdrucken zu dürfen, sie hatten plötzlich schon lange gewusst: Er war ein »Schädling«, seine Bücher waren »gestohlenes geistiges Eigentum« und »Verherrlichung der Räuberromantik«, wie es in dem Blatt mit dem passenden Namen ›Die Wahrheit‹ hieß.

Die Wahrheit war es wohl nicht, aber es war seinem Gegner gelungen, Karl May unheilbar zu verwunden. May war gesellschaftlich ein toter Mann und tatsächlich ein kranker Mann. Er fuhr zur Kur nach Joachimsthal. Er reiste nach Tirol und traf auf der Rückreise seinen Verleger Fehsenfeld, der aus Dummheit ein Flugblatt losgelassen hatte, in welchem er May zum »Jugendschriftsteller« degradierte.

Doch es gab auch ein wenig Licht in diesem Dunkel: Ein junger Reporter, der sich einst als Dreizehnjähriger in das Hotel schlich, in dem May in Prag logierte, ließ es sich nicht nehmen, sein Befremden über den Prozessverlauf niederzuschreiben und in der deutschsprachigen Prager Zeitung ›Bohemia‹ zu veröffentlichen. Der Mann, der sich auch später für May einsetzen sollte, hieß Egon Erwin Kisch. Maximi-

80   Maximilian Harden
(1861–1927)

lian Harden vermittelte May seinen Rechtsanwalt Erich Sello. Treue Anhänger läuteten noch immer an der Tür der »Villa Shatterhand« in Radebeul, aber im Grunde war Karl May ein Verfemter.

Und May war müde, er war es überdrüssig, sich in Szene zu setzen und die alten Geschichten zu wiederholen. Er schrieb nun an seiner Autobiografie. Sie war ein letzter Versuch, gegen die Front der Feinde anzugehen. »Ich werde in meiner Selbstbiographie, die ich schon jetzt vorzubereiten beginne, mich nicht im geringsten schonen, sondern jedes Unrecht, dessen ich mir bewußt bin, ehrlich bekennen; ich will, wenn ich einst scheide, keine meiner Sünden mit hinübernehmen«, ließ er Anfang 1910 verlauten. Im November 1910 erschien dann der erste Band von ›Mein Leben und Streben‹. Und wie sollte es anders sein, Lebius tauchte wieder auf und erwirkte eine einstweilige Verfügung gegen das Werk, die zu Lebzeiten Mays die Verbreitung des Buches verhinderte.

Interessant und augenfällig ist, dass May, der Meister der Phantasie, in seiner Autobiografie durchaus bei den Tatsachen blieb. Dieses Buch, in einer Zeit schwerer seelischer Belastungen geschrieben, erweist sich als eine ernst zu nehmende Quelle für die Lebensgeschichte des Autors. Tatsächlich bekennt er sich zu dem »Unrecht«, aber zugleich wehrt er sich auch gegen die Verleumdungen, und vor allem: Er möchte seinen Weg vom Abenteuerautor zum literarisch anspruchsvollen Schriftsteller sichtbar machen. Dass er dabei die Leistung seiner ›Reiseerzählung‹ unterschätzt und sein Alterswerk als die eigentliche Summe seines Schriftstellerlebens sieht, ist

---

Der Journalist **Egon Erwin Kisch** (1885–1948) erlebte als Korporal der österr.-ungar. Armee den Ersten Weltkrieg an der Front in Serbien. Diese Erfahrungen ließen ihn zum Pazifisten und Kommunisten werden (beschrieben in seinem Kriegstagebuch ›Soldat im Prager Korps‹). Er trat 1918 in die Rote Garde in Wien ein, später in die Kommunistische Partei Deutschlands (KPD). Als »rasender Reporter« (so der Titel eines seiner Bücher) und Kriegsberichterstatter ist Kisch ein bis heute wichtiger Journalist mit sozialkritischem Akzent.

verständlich in einer Zeit, da auch seine treuen Leser nur irritiert dem Weg des Autors folgen konnten.

Das Buch konnte, wie gesagt, erst nach dem Tode von May in einer von Klara May und Dr. Euchar Albrecht Schmid bearbeiteten Ausgabe erneut publiziert werden. Auch hier gab es zunächst wieder eine einstweilige Verfügung. Diesmal nicht durch Lebius initiiert, sondern durch den Rechtsvertreter der Witwe Münchmeyer, Oskar Gerlach. Am 25. Juli 1912 erschien die von Klara May bearbeitete Ausgabe, und endlich, am 17. Dezember, erfolgte die Freigabe der Erstausgabe und des Verkaufs der restlichen Auflage.

Noch aber lebte Karl May. Und es kam zu der Berufungsverhandlung. Da hatte Lebius schon wieder vorgesorgt. In alle Amtsstuben schickte er einen dicken Wälzer

81  Die Fehsenfeldsche Ausgabe von ›Mein Leben und Streben‹ aus dem Jahr 1910

von 335 Seiten, ›Die Zeugen Karl und Klara May – ein Beitrag zur Kriminalgeschichte unserer Zeit‹. Man fragt sich, wann Lebius all diese Dinge zusammengeschmiert hat. Und nicht genug damit: Ein alter, abgetakelter Indianer, der kaum ein Wort Deutsch verstand, musste herhalten,

82    Der von zahlreichen Prozessen und Kampagnen gezeichnete Karl May im Jahr 1911

83  Der Rechtsanwalt Erich
Sello (1852–1912)

sozusagen den Zorn des »roten Mannes« über das schriftstellerische Werk Mays vorzutragen. Lebius ließ keine Möglichkeit aus, um May zu diffamieren. Dabei hatte er den alten Mann moralisch längst vernichtet. Daran änderte auch dessen juristischer Sieg in der Berufungsverhandlung nichts mehr.

Diesmal hatte sich May des bedeutenden Strafverteidigers Erich Sello versichert, auch sein Dresdner Anwalt Netcke war dabei, und noch einmal marschierten alle Zeugen auf, aber die Situation war eine andere. Man durchschaute das Lügengespinst von Lebius, und am Ende stand eine Revision des Urteils. Lebius wurde nun wegen schwerer Beleidigung zu einer Geldstrafe von 100 Mark verurteilt. Das ist nicht allzu viel, aber immerhin hatte May nach einer jahrelangen Justizschlacht Recht bekommen. Auch seine anderen Widersacher mussten mit Ehrenerklärungen zu Kreuze kriechen, Sieg also auf der ganzen Linie. Sieg?

May nützte dies alles nichts. Er schrieb nicht mehr, was er hatte schreiben wollen, die Fortsetzung der Autobiografie, die Botschaft Marah Durimehs, Winnetous Testa-

Ich bin so müd, so herbstesschwer
    Und möcht am liebsten scheiden gehn.
Die Blätter fallen rings umher;
    Wie lange, Herr, soll ich noch stehn?
Ich bin nur ein bescheiden Gras,
    Doch eine Aehre trag auch ich,
Und ob die Sonne mich vergaß,
    Ich wuchs in Dankbarkeit für dich.

ment. Immer wieder wurde er von Krankheiten heimge-
sucht. Dann kam der 70. Geburtstag am 25. Februar 1912.
Blumen, Glückwünsche, Besucher, es war ein guter Tag.
Eine Einladung erreichte ihn: Der ›Akademische Verband
für Literatur und Musik‹ lud ihn zu einem Vortrag nach
Wien ein. Und er sagte zu, am 22. März 1912 zum Thema
›Empor ins Reich der Edelmenschen‹ zu sprechen. Er reis-
te an die Donau, das Wunder geschah, gut zweitausend
Menschen waren gekommen.

Sie riefen »Old Shatterhand«, »Sihdi«. Und dann sprach
er zwei Stunden lang, frei. Die Bilder zeigen einen schönen alten Mann mit weißem Haar. »Er sprach viel vom
Sterben und vom Jenseits, von göttlichen und ewigen
Dingen, und es lag etwas Seherhaftes in seiner ganzen
Art. Zwar dachte er nicht an ein eigenes nahes Ende, denn
er teilte mit, daß er, der Siebzigjährige, erst sein Haupt-
werk schreiben wolle.«

So hatte er es schon vorher in einem Interview gesagt:
»Ich bin ja auch erst siebzig! Alles was ich bisher schuf,
ist nur Auftakt. Jetzt fühle ich mich reif und fähig zur
Krönung meines Lebenswerkes.« Und jetzt sprach er also
hier über den Gottesglauben, er ehrte Bertha von Suttner,
die in der ersten Reihe saß, für ihre Friedensbemühun-
gen, und er endete: »Das walte Gott – Amen.« Beifall,
Hände streckten sich zu ihm empor. Er wurde gefeiert
wie wohl nie zuvor. Auch als er durch einen Seitenein-
gang das Haus verließ, entdeckten ihn die Verehrer. Er
drückte Hände, er stand barhäuptig in der kalten Luft,
mit Tränen in den Augen. War tatsächlich unter den Zu-
hörern auch ein arbeitsloser Anstreicher, der sich von ei-

> Ich bin so müd, so herbstesschwer
>     Und möcht am liebsten scheiden gehn,
> Doch, brauche ich der Reife mehr,
>     So laß mich, Herr, noch länger stehn.
> Ich will, wenn sich der Schnitter naht
>     Und sammelt Menschengarben ein,
> Nicht unreif zu der Weitersaat
>     Für dich und deinen Himmel sein.
>
> 1899

84    Bertha von Suttner

nem Freund ein paar Schuhe geborgt hatte, um Karl May sprechen zu hören? In einem Beitrag einer mährischen Wochenschrift behauptet jedenfalls der Verfasser, diesem Mann mit Namen Adolf Hitler die Schuhe geliehen zu haben, und Hitler habe den Vortrag besucht.

Nun, am nächsten Tag empfing May Mitglieder der kaiserlichen Familie, wie Klara May berichtet: »Nach all den jammervollen Verfolgungen, denen er jahrelang ausgesetzt gewesen war, bedeutet dies einen Höhepunkt in seinem Leben.« Er kehrte mit einer leichten Erkältung

**Bertha von Suttner** (1843–1914), österreichische Schriftstellerin und Mitbegründerin der Friedensbewegung. Aufsehen erregte sie mit ihrem mutigen Roman ›Die Waffen nieder‹ (1889). Von 1894 bis 1900 Herausgeberin der Monatsschrift ›Die Waffen nieder‹, Vizepräsidentin des Internationalen Friedensbüros in Bern. Auch in weiteren Büchern kämpfte sie gegen den Krieg und für eine Welt des Pazifismus. Sie erhielt 1905 als erste Frau den Friedensnobelpreis, den sie als Auszeichnung mit angeregt hatte.

So viel ich weiß, war der gegen Karl May geführte Prozeß ein Gemenge von Verleumdungen und Haarspaltereien, und der Ausgang des Prozesses hat auch den zu Unrecht angegriffenen vollständig rehabilitiert. Was den literarischen Wert der May'schen Arbeiten betrifft, so nimmt ein Autor, der eine ganze Jugendgeneration durch seine spannenden phantasiereichen Erzählungen zu fesseln verstand, jedenfalls einen achtungsgebietenden Rang ein, und der erhobene Vorwurf, daß Karl May Länder beschrieben hat, die er niemals gesehen, so kann er darauf erwidern, daß auch Jules Verne nicht im Mond und nicht 10 000 Meilen unterm Wasser gewesen ...

*Bertha von Suttner, in ›Die Zeit‹ (Wien 1912)*

nach Radebeul zurück. Man plante, ein paar Tage nach Bad Salzbrunn in Schlesien zu gehen. Er sprach davon, ein Drama zu beginnen, in dem er sein eigenes Schicksal darstellte. Es war der 30. März 1912. May ging gegen sieben Uhr abends zu Bett. Es war sein neunter Hochzeitstag mit Klara. Ob seine letzten Worte tatsächlich lauteten: »Sieg, großer Sieg, ich sehe alles rosenrot!«, wie Klara berichtete? Es spielt eigentlich keine Rolle. Dieses merkwürdige Leben war zu Ende.

▶ 85   Die letzte Aufnahme von Karl May, 1912 in Wien

# Karl May – und kein Ende

Wenn nun die Jäger vom Schlage Lebius hofften, dass sie das Wild für immer zur Strecke gebracht hatten, irrten sie sich. Der Name Lebius ist heute nur noch im Zusammenhang mit Karl May bekannt und interessant. Aber das Interesse an der Person May, an seinem Werk, ist ungebrochen, und es ist, wie sollte es anders sein, Gegenstand von Fehden, die nicht immer beim Rauch der Friedenspfeife beendet wurden. Die 90 Jahre der Rezeptionsgeschichte zeigen, wie lebendig May geblieben ist.

Es begann damit, daß Karl May in seinem Testament seine zweite Frau Klara zur Universalerbin einsetzte. Bereits 1913 gründete sie die Karl-May-Stiftung. Diese überlebte Nationalsozialismus und »realen Sozialismus der DDR«. Die jüngste Stiftungsänderung stammt aus dem Jahre 1997. Sie unterhält das Karl-May-Museum, das wieder in die »Villa Shatterhand« nach Radebeul zurückgekehrt ist, und sie ist auch für die Pflege der Grabstätte verantwortlich. Klara May, die 1944 starb, war freilich eine sehr eigenwillige Verwalterin des Erbes. Nicht nur wurde sie Mitglied der NSDAP und wollte Mays Roman ›Und Friede auf Erden!‹ im Sinne des Nationalsozialismus umarbeiten lassen, das Symbol des Kreuzes sollte dabei sogar durch das Hakenkreuz ersetzt werden. Es gelang E. A. Schmid, das zu verhindern. Weiterhin ließ Klara ihren halbjüdischen ersten Mann, Richard Plöhn, aus

Seit Karl May tot ist, lassen die Neidhammel die Zunge hängen. Diese Enttäuschung war zu groß. Im Grunde ihres Herzens hatten gerade sie an ihn geglaubt und ihre Antagonistenkarriere von seiner Unsterblichkeit abhängig gemacht. Nachdem sich die eine als dichterisch erwiesen hatte, juckt es sie, ihm auch die andere zu nehmen ...

*Robert Müller, im ›Brenner‹ (1912)*

der gemeinsamen Grabstätte in Radebeul exhumieren,
um dort Karl May eine nationale Feierstunde bereiten zu
können. Der Kriegsverlauf vereitelte die makabre Absicht.

Im Jahr 1913 wurde auch der Karl-May-Verlag gegrün-
det, gemeinsam von Klara May, Ernst Fehsenfeld und
E. A. Schmid. 1921 schied Fehsenfeld aus, nach dem Tode
Klaras blieben als Gesellschafter E. A. Schmid und sein
Sohn Joachim. 1950 gründete sich der Verlag erneut in

86   Karl Mays Grabmal in
Dresden

Bamberg. Mit Erfolg publizierte er weiter die grünen Bände, die zunächst als »Radebeuler Ausgabe« begonnen worden waren und deren 65 Bände dann in Bamberg unter Roland Schmids verlegerischer Verantwortung fortgesetzt wurden. Freilich, die Ausgabe erfuhr oft genug heftige und auch berechtigte Kritik, denn in einigen Bänden blieb nicht viel vom ursprünglichen Text Karl Mays übrig. Andererseits erschien in Bamberg auch ein guter Faksimiledruck der 33-bändigen Fehsenfeld-Ausgabe. Ob die jüngste Entwicklung, da zwei andere Autoren Figuren und Handlungselemente von Karl May benutzen und in neue Geschichten verarbeiten, nicht doch ein ziemlich merkwürdiges Beispiel verlegerischer Geschäftigkeit ist, darf man wohl fragen.

Karl May und seine Verleger, das ist eine wechselvolle Geschichte. Als 1978 Hans Wollschläger und Hermann Wiedenroth damit begannen, eine historisch-kritische Ausgabe herauszugeben, die auf 99 Bände berechnet war, konnte man endlich darauf hoffen, dass die ursprünglichen Texte samt Varianten und kritischer Kommentierung vorgelegt würden. Doch bei Franz Greno in Nördlingen kam es nur zu Anfängen, dann schloss der exzellente Drucker seinen Verlag. Danach versuchte es der Haffmans Verlag in Zürich, und schließlich setzt nun Hermann Wiedenroth – nach einem Streit mit Mitherausgeber Wollschläger – in seinem Bargfelder Bücherhaus mit unternehmerischem Langmut die Ausgabe fort. Man darf hoffen, dass sie irgendwann abgeschlossen sein wird.

Ach ja, das Für und Wider bei Karl May, man kennt es aus seinen Lebzeiten, es findet kein Ende. In der DDR

---

1913 gründete **Klara May** die Karl-May-Stiftung, daneben auch den Karl-May-Verlag, der u. a. die öffentliche Rehabilitierung Karl Mays zum Ziel hatte. Die »Villa Shatterhand« funktionierte sie 1928 zum Karl-May-Museum um, das mit Exponaten der Sammlungen von May und Patty Frank bestückt wurde. Eine der Attraktionen ist dort nach wie vor das Blockhaus »Villa Bärenfett« im Garten des Anwesens.

wusste man zunächst nicht so recht, was man mit ihm anfangen sollte. »Wenn ich erkläre, daß ich wie jeder verantwortungsvolle Genosse mit allen Kräften gegen die (angeblich geplante) Neuausgabe von Karl May kämpfe, so hoffe ich im Sinne von der Partei gehandelt zu haben. Man kann nicht den Marxismus lehren und Karl May dulden.« So der Dichter Louis Fürnberg 1956. Nur wenige Wochen später schrieb er über die Lektüre seiner Kinder: »Sie lesen Karl May und Jan Petersen ...« So war das mit der sozialistischen Moral. Erst 1983 kam dann Karl May wieder in sächsische Lande zurück: »Der gegenwärtig erreichte hohe Reifegrad des politischen Bewußtseins und die gefestigte, vom Marxismus-Leninismus bestimmte weltanschauliche Basis sind eine wichtige Grundlage für die schöpferische Aneignung des gesamten Kulturerbes. Mit dem Ausbau des Karl-May-Hauses zu einer Gedenkstätte soll das kulturelle Erbe, was uns der Schriftsteller Karl May hinterlassen hat, für eine weitere Vertiefung des sozialistischen Heimatbewußtseins intensiv genutzt werden.« Die realsozialistischen Bürokraten hatten also nun auch den »Lügenbold« heim ins Reich geholt, und bald erschienen auch im Verlag Neues Leben die ersten Bände einer Neuausgabe von Karl May. Erich Loest veröffentlichte seinen biografischen Roman ›Swallow, mein wackerer Mustang‹, das Geburtshaus wurde Museum. Auch das Inventar der »Villa Shatterhand«, das in jenen Jahren in Bamberg ein Museum zierte, kam nach der Wende wieder nach Radebeul zurück. Auch heute noch gilt für viele neue Leser, was Hermann Hesse schon 1919 schrieb: »Man lernt immer noch Neues kennen.

Wir wollen das einmal ganz schlicht sagen: Wer so viel Freude in die Welt gebracht hat und so viel Interesse entbunden, Teilnahme wörtlich, schon hundert Jahre lang, der nimmt sich auf einem Podest ganz und gar nicht unwürdig aus. Karl May hat sein Denkmal verdient. Er bekommt es.

*H. Wollschläger / H. Wiedenroth, ›Zur hist.-krit. Ausgabe‹*

Kürzlich las ich zum ersten Mal zwei Bücher eines Autors, der seit Jahrzehnten der gelesenste in Deutschland ist, und den ich noch nicht kannte. Es ist Karl May. Von Leuten, die etwas verstehen, war mir immer gesagt worden, er sei ein übler Macher und Schmierer. Es gab einmal eine Art Kampf um ihn. Nun, ich kenne ihn jetzt und empfehle seine Bücher den Onkeln von Herzen, die der Jugend Bücher schenken wollen. Sie sind phantastisch, unentwegt und hanebüchen, von einer gesunden, prächtigen Struktur, etwas völlig Frisches und Naives, trotz aller flotten Technik. Wie muß er auf die Jugend wirken ...« Und mit Hans Helmut Kirst darf man hinzusetzen: »Dieser Karl May ist – was einige nicht wahrhaben wollen – eine sehr starke Persönlichkeit. Vermutlich ist er gar kein Schriftsteller ›für die Jugend‹, sondern einer für jene, die sich ›das Jugendliche bewahrt haben‹.« Karl May – und kein Ende.

# Zeittafel

1842 Am 25. Februar wird Karl May in Ernstthal (heute Hohenstein-Ernstthal) geboren.

1856 Besuch des Lehrerseminars in Waldenburg; wird wegen angeblichen Kerzendiebstahls relegiert

1860 Fortsetzung und Abschluss des Studiums in Plauen

1861 Im Oktober zunächst Hilfslehrer in Glauchau; Entlassung, dann Fabrikschullehrer in Altchemnitz, Weihnachten Verhaftung und Verurteilung zu sechs Wochen Gefängnis

1863 Karl May wird für immer aus der Liste der Schulamtskandidaten gestrichen.

1864 Hochstapelei und Schwindeleien

1865 Verhaftung in Leipzig, Verurteilung zu vier Jahren und einem Monat Arbeitshaus, Verbüßung der Strafe in Schloss Osterstein in Zwickau

1868 Vorzeitige Entlassung

1869 Weitere Hochstapeleien

1870 Verurteilung in Mittweida am 13. April zu vier Jahren Zuchthaus

1874 Entlassung aus dem Zuchthaus Waldheim, zwei Jahre Polizeiaufsicht

1875 Zeitschriftenredakteur bei Münchmeyer in Dresden

1876 ›Der beiden Quitzows letzte Fahrten‹ in Münchmeyers ›Feierstunden am häuslichen Herd‹

1878 Redakteur bei Bruno Radelli in Dresden

1879 Verurteilung vom Gericht in Stollberg zu drei Wochen Gefängnis. Bei Neugebauer in Stuttgart erscheint sein erstes Buch, eine Bearbeitung von Ferrys ›Waldläufer‹

1880 Heirat mit Emma Pollmer, mit der May schon länger zusammenlebt

1882 Beginn der Produktion der Kolportageromane für Münchmeyer. May lebt nun in Dresden.

1885 Tod der Mutter Karl Mays

1887 ›Der Sohn des Bärenjägers‹ erscheint in der Zeitschrift ›Der gute Kamerad‹.

1891 Besuch des Verlegers Friedrich Fehsenfeld, der mit der Herausgabe der ›Gesammelten Reiseromane‹ beginnt. Bis 1910 erscheinen 30 Bände.

1896 Einzug in die »Villa Shatterhand« in Dresden. Der Büchsenmacher Max Fuchs fertigt die ›Silberbüchse‹ und den ›Bärentöter‹.

1897 Der berühmte Autor wird zu vielen Lesungen und Vorträgen in Deutschland und Österreich eingeladen. Übersetzungen seiner Bücher erscheinen.

1899 Reise in den Orient. Erste Presseangriffe. Pauline Münchmeyer hat den Verlag an Adalbert Fischer verkauft, der 1900 mit der Wiederherausgabe des Kolportageromans ›Die Liebe der Ulanen‹ beginnt.

1901 Tod des Freundes Richard Plöhn am 14. Februar. Beginn der ersten Prozesse

1903 Scheidung von Emma. Am 30. März Heirat mit Klara Plöhn, der Witwe des verstorbenen Freundes

1904 Beginn der Angriffe von Richard Lebius, dem »Karl-May-Töter«

1907 Sieg in den Prozessen gegen Pauline Münchmeyer. Haussuchung in der »Villa Shatterhand«.

1908 September bis Dezember Reise mit Klara in die USA, Besuch von Freund Pfefferkorn

1910 Freispruch von Lebius vor dem Schöffengericht in Berlin-Charlottenburg; 1911 Erkrankung und Kur, Lebius verliert den Revisionsprozess vor dem Landgericht Berlin-Moabit. Er wird zu einer Strafe von »100 Mark« verurteilt.

1912 Vortrag in Wien am 23. März. Am 30. März stirbt Karl May in der »Villa Shatterhand« und wird am 3. April auf dem Friedhof in Radebeul beigesetzt.

# Bildnachweis

Agents – Producers – Editors, Overath 8 / Archiv für Kunst und Geschichte, Berlin 1, 15, 29, 42, 75, 79 / Deutsches Filmmuseum Frankfurt am Main 35, 43 / Karl Guntermann, Hamburg 73, 74 / Wolfgang Hallmann, Hohenstein-Ernstthal 9 / Christian Heermann, Leipzig 3, 5, 19 / Karl-May-Museum, Radebeul 48, 49, 64 / Gerhard Klußmeier, Rosengarten 2, 4, 16, 22, 26, 27, 32, 34, 36, 38, 39, 45, 52, 57, 78, 80 / Hainer Plaul, Lommatzsch 10, 12, 14, 17, 20, 21, 23, 24, 30, 33, 40, 41, 56, 62, 65, 69, 71, 76, 83 / Stadtarchiv Plauen 13 / Ullstein Bild 68 / Frank Werder, Bremerhaven 86 / Die Reprovorlagen folgender Abbildungen stellte Ralf Schönbach (Karl-May-Gesellschaft, Hamburg) zur Verfügung: 6, 7, 31, 37, 44, 46, 47, 50, 51, 53, 54, 55, 59, 60, 63, 66, 67, 72, 77, 82, 85

*Die Rechte der hier nicht aufgeführten Abbildungen liegen beim Herausgeber oder konnten nicht ermittelt werden. Berechtigte Ansprüche werden selbstverständlich angemessen abgegolten.*

# Werkausgaben

### Die Fehsenfeldsche Erstausgabe

1892 erschienen die ersten Buchausgaben von May bei Ernst Fehsenfeld in Freiburg, bis zu seinem Tode waren es 33 Bände. Die Ausgaben sind mittlerweile in einem Reprint (Karl-May-Verlag, Bamberg) in verschiedenen Ausstattungsvarianten lieferbar.

1 ›Durch Wüste und Harem‹ (1892)
2 ›Durchs wilde Kurdistan‹ (1892)
3 ›Von Bagdad nach Stambul‹ (1892)
4 ›In den Schluchten des Balkan‹ (1892)
5 ›Durch das Land der Skipetaren‹ (1892)
6 ›Der Schut‹ (1892)
7 ›Winnetou I‹ (1893)
8 ›Winnetou II‹ (1893)
9 ›Winnetou III‹ (1893)
10 ›Orangen und Datteln‹ (1893/1894)
11 ›Am Stillen Ozean‹ (1893/1894)
12 ›Am Rio de la Plata‹ (1894)
13 ›In den Kordilleren‹ (1894)
14 ›Old Surehand I‹ (1894)
15 ›Old Surehand II‹ (1895)
16 ›Im Lande des Mahdi I‹ (1895/1896)
17 ›Im Lande des Mahdi II‹ (1896)
18 ›Im Lande des Mahdi III‹ (1896)
19 ›Old Surehand III‹ (1896)
20 ›Satan und Ischariot I‹ (1896/1897)
21 ›Satan und Ischariot II‹ (1896/1897)
22 ›Satan und Ischariot III‹ (1897)
23 ›Auf fremden Pfaden‹ (1897)
24 ›Weihnacht‹ (1897)
25 ›Am Jenseits‹ (1899)
26 ›Im Reiche des silbernen Löwen I‹ (1898)
27 ›Im Reiche des silbernen Löwen II (1898)
28 ›Im Reiche des silbernen Löwen III‹ (1902)
29 ›Im Reiche des silbernen Löwen IV‹ (1903)
30 ›Und Friede auf Erden!‹ (1904)
31 ›Ardistan und Dschinnistan I‹ (1909)
32 ›Ardistan und Dschinnistan II‹ (1909)
33 ›Winnetou IV‹ (1910)

**Die Radebeuler/Bamberger Ausgabe (die so genannten »grünen Bände«)**

Die Ausgabe, die zunächst im Radebeuler Karl-May-Verlag erschien, wurde dann im Bamberger Karl-May-Verlag fortgesetzt. Die Ausgaben tragen folgende Bandnummerierungen (die Reihen sind jeweils *kursiv* gesetzt):

*1–6: Orientzyklus*
›Durch die Wüste‹
›Durchs wilde Kurdistan‹
›Von Bagdad nach Stambul‹
›In den Schluchten des Balkan‹
›Durch das Land der Skipetaren‹
›Der Schut‹
*7–9* ›*Winnetou*‹-*Trilogie*
›Winnetou I‹
›Winnetou II‹
›Winnetou III‹
10 ›Sand des Verderbens‹
11 ›Am Stillen Ozean‹
*12–13*
›Am Rio de la Plata‹
›In den Kordilleren‹
*14–15*
›Old Surehand I‹
›Old Surehand II‹
*16–18* ›*Im Lande des Mahdi I–III*‹
›Menschenjäger‹
›Der Mahdi‹
›Im Sudan‹
19 ›Kapitän Kaiman‹
*20–22* ›*Satan und Ischariot I–III*‹
›Die Felsenburg‹
›Krüger Bei‹
›Satan und Ischariot‹
23 ›Auf fremden Pfaden‹
24 ›Weihnacht‹

25 ›Am Jenseits‹
*26–27* ›*Im Reiche des silbernen Löwen I–II*‹
›Der Löwe der Blutrache‹
›Bei den Trümmern von Babylon‹
*28–29* ›*Im Reiche des silbernen Löwen III–IV*‹
›Im Reiche des silbernen Löwen‹
›Das versteinerte Gebet‹
30 ›Und Friede auf Erden!‹
*31–32* ›*Ardistan und Dschinnistan I–II*‹
›Ardistan‹
›Der Mir von Dschinnistan‹
33 ›Winnetous Erben‹
34 ›»Ich«‹
35 ›Unter Geiern‹
36 ›Der Schatz im Silbersee‹
37 ›Der Ölprinz‹
38 ›Halbblut‹
39 ›Das Vermächtnis des Inka‹
40 ›Der blaurote Methusalem‹
41 ›Die Sklavenkarawane‹
42 ›Der alte Dessauer‹
43 ›Aus dunklem Tann‹
44 ›Der Waldschwarze‹
*45–46*
›Zepter und Hammer‹
›Die Juweleninsel‹
47 ›Professor Vitzliputzli‹
48 ›Das Zauberwasser‹
49 ›Lichte Höhen‹
50 ›In Mekka‹
*51–55* ›*Das Waldröschen*‹
›Schloss Rodriganda‹
›Die Pyramide des Sonnengottes‹
›Benito Juarez‹
›Trapper Geierschnabel‹
›Der sterbende Kaiser‹

**Die historisch-kritische Ausgabe**

Diese Ausgabe wird von Hermann Wiedenroth in seinem Verlag des Bargfelder Bücherhauses herausgegeben.

*Bisher lieferbar sind (Stand: November 2001):*

ABTEILUNG II – Fortsetzungsromane

1–2 ›Scepter und Hammer‹
    ›Die Juweleninsel‹
    (1879–1882)
3–8 ›Das Waldröschen‹ I–IV
    (1882–1884)
9–13 ›Die Liebe des Ulanen‹ I–V
    (1883–1885)
14–19 ›Der verlorene Sohn‹ I–VI
    (1883–1885)
20–25 ›Deutsche Herzen, deutsche Helden‹ I–VI
    (1885–1887)
26–31 ›Der Weg zum Glück‹
    I–VI (1886–1887)

ABTEILUNG VIII – Briefe
7    Briefe VI.1–2. ›Das Leseralbum‹

SUPPLEMENTE
1    ›Die »Rettung« des Herrn Cardauns‹ (Faksimile)
2    ›Katalog der Bibliothek‹ (Faksimile)

*In Vorbereitung*

ABTEILUNG I – Frühwerk
    (1864–1879)

ABTEILUNG II – Fortsetzungsromane

ABTEILUNG III – Erzählungen für die Jugend

ABTEILUNG IV – Reiseerzählungen

ABTEILUNG V – Spätwerk
    (1899–1910)

ABTEILUNG VI – Autobiografische Schriften

ABTEILUNG VII – Nachlass

ABTEILUNG VIII – Briefe

ABTEILUNG IX – Materialien

# Sekundärliteratur

**Gesamtdarstellungen und wichtige Einzelarbeiten (Auswahl)**

*Die Literatur über Karl May ist mittlerweile so umfangreich, dass sie nur noch von Spezialisten überblickt wird. Es gibt bisher keine umfassende Bibliografie der Sekundärliteratur. In Hermann Wohlgschafts ›Großer Karl May Biographie‹ (Paderborn 1994) finden sich im Literaturverzeichnis nahezu 500 Verweise auf Bücher und Aufsätze über Karl May und sein Werk. Wichtige Quellen sind dabei die Karl-May-Jahrbücher, die zwischen 1918 und 1933 erschienen sind, und vor allem die Jahrbücher der Karl-May-Gesellschaft, die seit 1970 erscheinen.*

Essig, Rolf-Bernhard und Gudrun Schury: ›Karl May-ABC‹. Leipzig 1999
*Mehr unterhaltsame als gehaltvolle Sammlung von amüsanten, feuilletonistischen Texten zu Karl May von A bis Z*

Hallmann, Wolfgang und Christian Herrmann: ›Reisen zu Karl May‹. Zwickau 1992
*Umfangreiche, oft auf bisher unbekannte Fakten gestützte Beschreibung der Karl-May-Örtlichkeiten*

Heermann, Christian: ›Der Mann, der Old Shatterhand war. Eine Karl-May-Biographie‹. Berlin 1988
*Materialreiche, detaillierte Gesamtdarstellung*

Hetmann, Frederik: ›Old Shatterhand, das bin ich. Die Lebensgeschichte des Karl May‹. Weinheim 2000
*Lesbare, engagierte Darstellung von Leben und Werk, (nicht nur) für junge Leser*

Klußmeier, Gerhard und Hainer Plaul: ›Karl May. Biographie in Dokumenten und Bildern‹. Hildesheim 1972
*Enthält neben vielen interessanten Textbelegen eine Fülle von Fotos und Faksimiles.*

Loest, Erich: ›Swallow, mein wackerer Mustang. Karl-May-Roman‹. Berlin 1980
*Der Sachse Loest aus Leipzig huldigt dem Sachsen aus Radebeul. Unterhaltsam und in den Fakten verlässlich*

May, Karl: ›Mein Leben und Streben‹ (hg. v. Hainer Plaul). Hildesheim 1977
*Plaul hat das autobiografische Werk von May hier in einer textlich zuverlässigen Edition mit umfassenden Kommentaren vorgelegt.*

Petzel, Michael: ›Das große Karl-May-Lexikon‹. Berlin 2000
*Umfassende lexikalische*

*Darstellung zu Karl May und seinem Werk mit besonderem Akzent auf den Verfilmungen*

Plaul, Hainer: ›Illustrierte Karl May Bibliographie. Unter Mitwirkung von Gerhard Klußmeier‹. Leipzig 1988 (NA Bamberg 2000)
*Die Bibliografie »umfaßt sämtliche deutschsprachigen Texte Karl Mays, die bis 1912 erschienen sind«. Sie ist für die Datierung von Mays Texten unerlässlich.*

Schmidt, Arno: ›Sitara und der Weg dorthin. Eine Studie über Wesen, Werk & Wirkung Karl Mays‹. Karlsruhe 1963
*Interessante, wenngleich auch sehr einseitige Untersuchung unter psychoanalytischen Gesichtspunkten*

Stolte, Heinz: ›Der Volksschriftsteller Karl May‹. Bamberg 1979
*Eine erste ernst zu nehmende Darstellung der Problematik von Leben und Werk*

Ueding, Gert (unter Mitwirkung von R. Tschapke): ›Karl-May-Handbuch‹. Stuttgart 1987 (NA 2001)
*Alle Aspekte der Karl-May-Forschung werden hier mit wissenschaftlicher Genauigkeit behandelt. Aber auch der May-Leser findet hier wichtige Auskünfte.*

Wiedenroth, Hermann und Hans Wollschläger: ›Der Karl-May-Rabe‹. Zürich 1989
*Unbekanntes, Unterhaltsames, Kurioses und Bedenkenswertes in einem Magazin für May-Freunde und solche, die es werden wollen*

Wohlgschaft, Hermann: ›Große Karl May Biographie. Leben und Werk‹. Paderborn 1994
*Vermutlich die materialreichste Gesamtdarstellung, mit Auswertung des Gesamtwerks und eines Großteils der Sekundärliteratur, freilich auch in vielen Teilen eine »Überinterpretation« und »Ikonenmalerei«*

Wollschläger, Hans: ›Grundriß eines gebrochenen Lebens‹. Erw. Neuausg. Dresden 1990
*»Wer sich mit Karl May beschäftigt, er kann an diesem Buch nicht vorübergehen.« (Arno Schmidt) Das erste verlässliche Portrait Karl Mays*

*Über den neuesten Stand der Forschung können Sie sich auf der Website der Karl-May-Gesellschaft (http://karlmay.uni-bielefeld.de) informieren. Hier finden Sie auch eine ausführliche Liste der Primär- und Sekundärliteratur.*

# Personenregister

## Dank

Meine frühe Karl-May-Lektüre in den ersten Nachkriegsjahren verdanke ich einem Nachbarn, der die grünen Radebeuler Bände allesamt besaß und sie mir, dem begierigen Leser, auslieh. Mit ihm begann mein Karl-May-Leben. Ihm, Hans Weigel, gilt also ein postumer Dank. Viel später dann fand ich manches Buch in der Karl-May-Oase von Ekkehard Fröde – man wohnt nicht ungestraft nur 20 Kilometer vom Geburtsort des Meisters entfernt. Hans Wiedenroth, dem getreuen Herausgeber der historisch-kritischen Gesamtausgabe, danke ich für die kritische Durchsicht des Manuskripts. Er hat auch freundlicherweise das Literaturverzeichnis vervollständigt. Den Herren Gerhard Klußmeier und Hainer Plaul gilt ein herzlicher Dank für ihre freundliche Unterstützung bei der Beschaffung des Bildmaterials. Dies gilt auch für Herrn Ralf Schönbach. Fabian Sulzer fügte Bilder und Texte zu einer Buchgestalt, die hoffentlich nicht nur dem Autor, sondern auch den Lesern gefällt. Und schließlich ertrug meine Frau mit Langmut diese literarischen Ritte durch die Wüste und die Schluchten des Balkans an unseren Wochenenden.

# Karl-May-Museum
## Radebeul bei Dresden

**Sie kennen Karl May aus diesem Buch?**
In der literaturhistorischen Wirkungsstätte Karl Mays, der
**Villa „Shatterhand."** in Radebeul, können Sie seit 1995
das originale Arbeitszimmer, die persönliche Bibliothek
Mays und sein Empfangszimmer entdecken.
Das 1928 eröffnete Wild-West-Blockhaus, die
**"Villa Bärenfett"**, präsentiert authentische Zeugnisse von
vielfältigen Kulturen. Diese ethnologische
Indianersammlung der Karl-May-Stiftung ist eine der
wertvollsten in Europa.

## Indianer Nordamerikas

## Karl May - Leben und Werk

**Wir freuen uns auf Ihren Besuch!**
Karl-May-Straße 5 in 01445 Radebeul bei Dresden
www.karl-may-museum.de / Telefon: (03 51) 8 37 30 - 10

# dtv portrait

Herausgegeben von Martin Sulzer-Reichel
Originalausgaben

## Biographien bedeutender Frauen und Männer aus Geschichte, Literatur, Philosophie, Kunst und Musik